新潮文庫

世界ぐるっと朝食紀行

西川　治著

世界ぐるっと朝食紀行　目次

世界ぐるっと朝食紀行

どこへ行ったら朝食が食べられるのだろう

トルコ＊バザール　（1991年）

グランド・バザールへ向かう道はとくに人が多い。ぼくもとりあえずその人の群れの中に入り歩いていった。

しばらく歩いているとバザール（市場）の中にいた。店の大半は早朝でまだ、閉まっている。

振り仰いでもドーム型の青い天空をおもわせる屋根の下は薄暗くてよくは見えないが、その下の開店前の店には、裸電球か蛍光灯が煌々《こうこう》と光っていた。男たちは小さなコップを手にしてチャイ（トルコ風紅茶）を飲んでいる。そのチャイは、どこから運ばれてくるのだろうか。

出口のない迷路をあてどもなく彷徨《さまよ》っていた。とにかく三千三百余の商店があるといわれ、その面積は三万平方メートルというから、ほぼ一万坪と広い。歩いていると、

このエジプシャン・バザールは、地元の人たちの市場。いろいろな食材の強烈な色彩に圧倒される。

このバザールから抜け出せるのかと、不安になるほどだ。

ここに六十五本の通りがあるという。どこをどう歩いたのかどこから入りこんだのかさえ、飛び込んだ水のあとのように分からない。が、不意に空き地に出た。穴蔵から空を見上げたような白い光にさらされた。ごく狭いところに柳の木があり、その下に粗末なテーブルが目に入った。そこで、男が二人、チャイを飲んでいる。歩きつづけていたので喉《のど》が渇いている。

チャイハネの小さな家がある。チャイハネとは喫茶店のことだ。さきほど店の中でチャイを飲んでいたが、こういうところから運ばれてくるのだろう。バザールには、こんな喫茶店が所々に点在しているのだろ

このチャイを男たちは、一日に十杯は飲む。ときには水煙草をゴボゴボと吸いながら。

うか？

小さなドアーを開けて、チャイをたのんだ。

外のテーブルに座っていた男たちが立ち上がり、バザールの中へ消えていった。仕事の準備にでもかかるつもりだろう。その後に、ぼくは座りチャイを待っていると、ウィスキーのダブルグラスぐらいの小さなカップに、ウィスキーよりも色濃い飲み残したチャイがはいっている。あまりにも小さい。イタリアで飲むエスプレッソも小さなカップでおどろいたものだが、はじめて見るチャイのカップの小さいのにもおどろいた。イギリスでも紅茶はやや大振りな陶磁器のカップである。

ぼくの前にもやってきたグラスを手に持

つと熱い。蓮《はす》の葉のような受け皿にのっている。普段、見なれている角砂糖も三分の一ぐらいしかない。それが二つのっているがそれでもたりない人のために、他にも砂糖を入れた器が置いてある。

小さなカップを手にまるでウィスキーでも飲むようにちょっとなめてみたが、濃い。紅茶なのに濃く渋い。砂糖をたっぷり入れて飲んだ。空腹の胃に沁《し》みる。喉が多少とも潤《うるお》うのだろうかとおもったが、飲んでみると渇きがおさまるというよりは一服である。気分転換だ。後で分かったのだが、この濃いチャイを男たちは、日に十杯以上も飲むらしい。しばらくチャイを飲んでボーッとしていると眠気がしてきた。時差のせいだろう。日本との時差はどれくらいなんだろう。それにしても腹が減った。だが、どこへ行けばいいのだろう。

バザールにもどった。まだ、店開きをしていない。準備中である。それよりも観光客目当てであるから朝は遅い。

朝からにぎわっているといわれているエジプシャン・バザールへ行くことにした。坂をおりていくと大声でさけんでいる。こちらはイエニ・モスクと同じ基盤に作られた香辛料市場としてははじまったようだ。本当の呼び名は、ムスル・チャルシュという。エジプトのカイロから輸入したハーブや香辛料をさばくところであった。そこで、エジプシャン・バザールと呼ばれるようになったのだ。

グランド・バザールは天井におおわれたところなのに、こちらはL字型のバザールで道も分かりやすい。八十軒ぐらいの店があるという。かつては多かった香辛料やハーブを売る店は、今では五、六軒ぐらいになっているらしい。

魚屋、肉屋、チーズ屋、八百屋などが、隣の店に負けてはならじと、発情している吠《ほ》え猿がテリトリーを宣言しあっているように、あらんかぎりの空間に広がれとばかり声を放っている。リズムがあり、歌うような声である。

グランド・バザールは観光客が多いといわれているが、こちらは少なく土地の人たちが日常生活の必要なものを買いにくるところだ。しかし、なんといい声だろう。透明な感覚というより、抑揚があり、前へ前へ、そして大きく包むような発声だ。そうだ。それはコーランを子供のころから読んで鍛えた声だからだろう。まったくよく通る声だ。みんな声がいい。その声につられるように、魚屋へ引き寄せられる。外側をブルーに、内側を赤く塗った桶《おけ》があり、小型のアジが泳いでいる。その隣にちょっと見たことのない大きなスズキがある。そのスズキにカメラを向けていると、男はそのスズキをぶらさげてくれた。男の体の半分ぐらいはある。

もっと大きな魚が転がっている。エイをおもわせるような巨大なヒラメが木箱から

魚屋のおやじは仕事前に、タバコを吸いながら、このチャイを飲んでいた。三十分ぐらいかけていた。

はみだしている。ヒラメは砂地に接して生活して、砂地に接しているところは肌は白っぽい。だが、見慣れたものではなく、疣《いぼ》のような突起物が三十個ぐらいみえる。小さな乳首のようにみえる。今まで見たことはないほど大きい。両腕を広げたぐらいの大きさだ。そんなに大きくなると疣のようなものが、あらわれるのだろうか。

隣はオリーブの塩漬け、緑色の唐辛子のピクルス、ナスのピクルスなどの店で、写真を撮影していると食べたくなったのでそれを買った。

塩漬けのオリーブを齧《かじ》りながら歩いていると調理をしている匂《にお》いがしてきた。すぐ近くにロカンタスといわれる大衆食堂でもあるのだろう。匂いは細長い店の奥から流

これはカレイなのかヒラメなのか知らないけれど、持ち上げていたら、撮影中に手が震えてきた。

れてくるらしい。客はいない。朝食には、もう遅いし、昼には早い。だが、その店へ入っていくとウェイターらしい青年がやってきた。後三十分ほどしないとダメだと壁にかかっている時計を指差していった。腹が減ってもう歩けないと、体をよろめかせて大袈裟《おおげさ》な仕種《しぐさ》をする。ウェイター君はちょっと困ったような顔をして、奥へ大声で何かいった。奥からも声が聞こえた。すると、ウェイター君はキョフテならあるというようなことをいったと思えた。キョフテという単語と表情からそう判断した。とにかく何か食べたい。僕もにっこりしてうなずくと、目の前の椅子《いす》に座る。貧弱な小さなメニューにもCibiz Kofte。出てきたのはスライスした玉葱《ねぎ》とパセリが皿に添えられ、親指をやや太くしたような羊の肉の焼きキョフテだ。そしてヨーグルトを水でうすくしたようなアイラン、木炭で焼いたパンを食べた。なんとキョフテのうまいことだろう。まだまだ、食べられるがこれからこのバザールをウロウロするのだ。何があるかもしれない。胃に少しは隙間《すきま》を作っておかなくてはとおもう。

ウェイター君に礼を言うと、彼はお腹《なか》は一杯になったかというようなことを言った。ぼくはおおいに満足したと言うようにニッコリ笑ってみせた。

この店を離れエジプシャン・バザールの奥へ入っていった。雑然とした家並みに男たちが働いている。職人たちが作った日常生活にはなくてはならないものばかりだ。木工製品や金属加工品などが見える。

そんなさまざまな仕事場の並びに何軒かのパン屋があり、焼き上がったパンをどこかへ届けるのだろう、カゴにパンを入れそれを担《かつ》いで少年が出ていった。客の出入りも多い。しばらく、パンを焼いているのを見ていたら、乳母車ほどの大きさのステンレスで覆《おお》った車が曳《ひ》かれてやってきた。丸く覆った蓋《ふた》の間から薄い煙があがっている。パン屋のまえにくるとそこでたちどまり、縦にながいドームのような蓋をあけると大人の腕ぐらいの太さの肉が、炭で焼かれていた。よく見ると塊の肉か、なにかの芯《しん》に羊の腸をクルクルと巻いてあるようだ。シチリアでも同じような物を見たことがある。

だが、その時は食べてはいない。一つ作ってくれるようにと言うと男は、人差し指を立てると、左手首のところをさした。腕時計はしてはいないが、架空の時計の上で人差し指をチラッと動かした。後しばらく待ってくれというのだろう。まだ、羊の腸が、焼けていないのだろう。しばらく待つことにした。

ぼくが三十分ほどしてからもどるとまだらしい。男に腕時計の長い針のところを、三十分ほど先に指先で動かして見せた。男はうなずいた。再び、バザールをみて三十分ほどつぶしてもどると男はちょっとまってくれと、パン屋へ入っていった。いったいどうしたんだろう、抱え切れないほどのパンをもって男は出てきた。パンをカゴにいれると、そこから、パンを取りだし、パンを切った。そしてこちらを向き、ころ合いだとばかりに板の上に肉の一本をのせ薄く切り、さらに肉片をパッパッと叩《たた》くように細かくした。三分の一ほどに切ったパンを、今度は縦に切り裂き、なかのやわらかいところを毟《むし》り取りその空いたところに、先程、刻んだ羊の腸を詰め、やはり、先程、毟り取ったパンをその上にのせた。肉のこんがり焼けた匂いだ。口にすると羊の強い匂いがする。だが、嫌な匂いではない。香ばしい匂いだ。滑らかな舌触りは羊の脂肪だ。肉の塊とおもっていたのは、羊の脂肪で、そこに羊の腸をきっちりと強く巻きつけていたのだ。いつものようにこれは何というのかと、聞く。メモを出して書いても

エジプシャン・バザールの外れにあるレストラン。マトンを焼いただけだ。それにさまざまに香辛料の混ざった唐辛子を振りかけて食べた。

らわなくては、聞き取りだけではたいてい間違ってしまう。だいたい外国語を耳にした通りに、カタカナで書くのは無理だ。まったく言葉の発音というのは、音階よりも難しい。かならず現地の言葉で書いてもらい、それを何度も何度も発音してもらう。だが、なかなかうまくいったためしがない。書かれた言語ではなく、話された言語の音声をまったく違うカタカナで表記しなくてはならない。

さすがに腹は膨れた。ただ膨れたというのではない。異国のまったくあたらしい味覚に触れ、誇張していうなら濃密な満足を感じた。

その男と別れ大きな通りに出た。

いたるところで胡麻《ごま》つきの丸いパン、シ

遊牧民族らしく徹底的に肉は利用する。脂肪に小腸を巻きつけ焼く。このコンビネーションはうまい。

どんな田舎に行っても売っている。ごく安いものだ。腹がすいたらこいつを齧りながら歩いている。

ユミットを売っている男たちがいた。一つ10円もしない。気軽に手にして齧っている人が多いが一つ売っていくらぐらい儲《もう》かるのだろう。

路上で売っているのだから空腹を感じたら、すぐ手にできる。トルコではシュミットだけではなく、路上で食べられるものがかなりある。それらを朝に食べれば朝食だし昼に食べれば昼食だというものである。

それをあげておこう。

ガラスに囲まれた屋台に、鶏肉《とり》がのっているピラフがある。御飯が路上で食べられるのは、奇妙な感じがしないでもない。なかなか清潔さも感じられる。これなら食べてもいいという気になるが、皿に盛るのだろうが、さてどのようにして食べればいいのだろう。

薄いパンにほんのもうしわけていどになにかを塗ったようなものを売っている。好奇心がわくというには、あまりにも素朴なものだ。だが、食べて見る。甘くはない。やわらかなクレープのようなパンだ。ねばりけがあり、玉葱のみじん切り、トマトのペースト状のものを塗ってあるような感覚だ。ニンニクのかすかな香りがする。これも空腹を感じたら、ちょっと一時しのぎに口にするにはいいものだ。それを食べていると、男たちがあつまってきて、うまいかいと聞いてくる。なかなかうまいよというと、チャイを飲むといいよ、おれがおごるからねと言う。これだけ食べれば、朝食と昼食には充分である。

三時間くらい絨毯《じゅうたん》屋を見てまわったろう。ブラブラしていると、すぐに腹が減るものだ。こんなに歩きまわったのは、久しぶりだ。目の前で、ムール貝を売っている。だが、売り切れたわけなんだろうか。小さな籠《かご》のなかに百個ぐらいしかない。少し不自然だ。ムールの紫色の貝の蓋が半開きになっていて、白い物が見える。死んでしまってはムールは食べられない。だが、すぐに、一人の男がやってきて、籠のなかから一つをつまむと、いきなりナイフも使わず、蓋を開け食べた。ムールのなかには白い米が入っているようだ。食べ終わると、もう一つつまみ食べはじめた。つぎの男もおなじようにし、食べている。だいたい三、四個ぐらいは食べている。多い人は七、八個。ナポリでは、ムールやハマグリの生を海岸通りでレモンをふりかけ食べたことがあるが、このように米と一緒に調理したものははじめてだ。一つ食べてみた。手にしてみんなのようにレモン汁を、ジュッと絞り口にした。米にやや芯がある。イタリアのリゾットも米に芯が残るように調理をするが、おなじような感覚だろう。ムール貝の身を細かく刻み、みじん切りの玉葱、トマトとそれにイタリアンパセリのみじん切りを入れて煮たものをムールに再び詰めてあるのだろう。これなら容器もいらない。

つやつやしたムール貝の殻の中にムールの刻んだ身とピラフのような御飯が……。これはおどろいた。

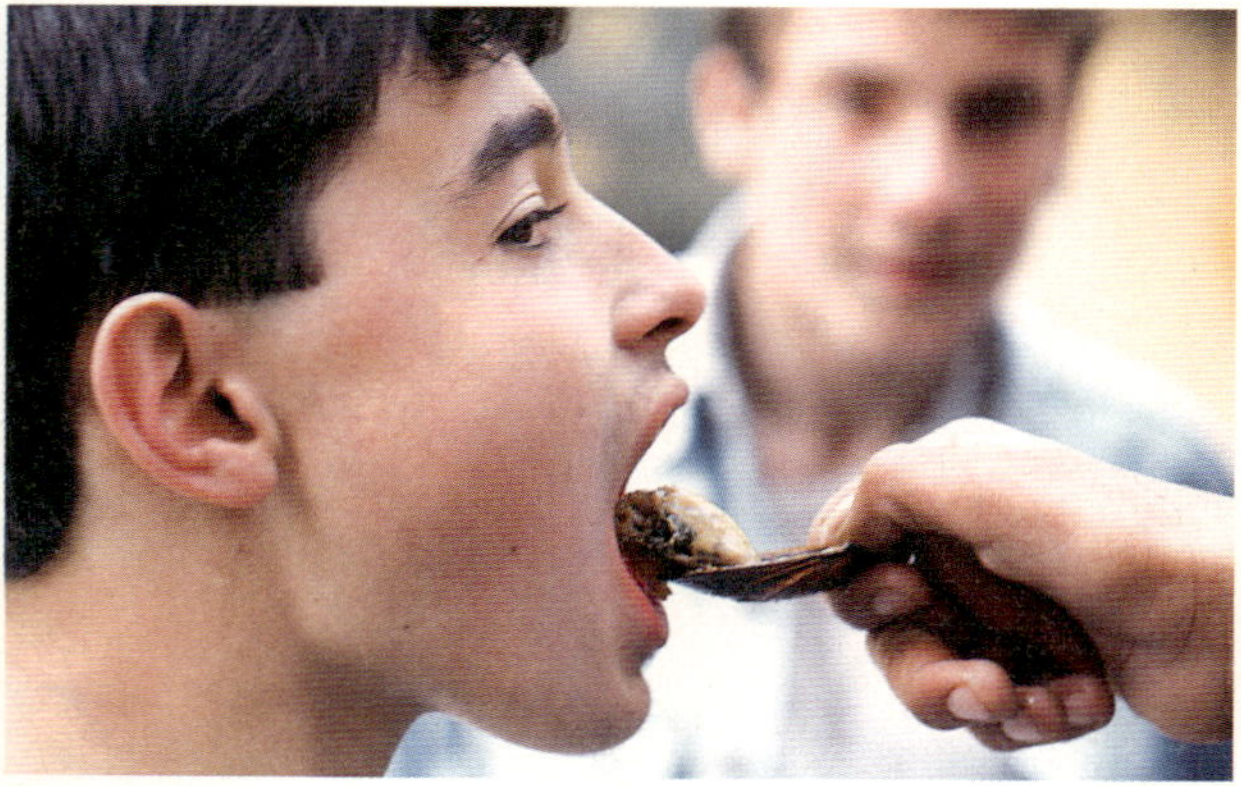

レンズを向けると、こうやって食べるのだと他のやつが、カゴの中からつまみ、食べさせた。パシャリ。

たっぷり水分をふくんだ太いキュウリなのだ。喉が渇くとこいつを齧る。自分のナイフの先に塩をつけて切る。

ピラフのように皿に盛って食べるというのではなく、手でつまんで食べられるから手軽に路上で食べられる。あっという間に五、六個食べた。

このムール貝につめた料理はミディエドルマという。このミディエドルマをつまんでいると、もう一つの荷車にキュウリを積んで売りにきた。すると、さきほどムールを食べていた男が、キュウリを一本摑《つか》むとポケットからナイフを取りだし、皮を剝《む》きはじめた。イタリアをはじめヨーロッパのキュウリは、日本のキュウリよりも数倍も太い。皮を剝くとみずみずしい白い半透明の果肉がみえる。男はキュウリのすぐそばの壺《つぼ》のなかにナイフをつっこみ、塩のようなものをナイフの先に乗せ、キュウリを横にサーッと切った。それを短くし齧っている。これも、悪くないよといわぬばかりに、バリバリと齧っている。

　ぼくも食べて見ようとおもい、一本たのんだが、自分のナイフはもっていない。するとキュウリ売りの男は自分のナイフを出し、先程と同じようなことをした。作業が終わると、男はキュウリを手渡してくれた。齧ると、爽《さわ》やかな味が口に広がる。それに水分が多く、ムール貝を食べた後にはなかなかいい。齧るとじわっと汁が喉を潤す。

　トルコは空気が乾燥している。そういえば、キンキラキンのタンクを担いだ水売りを見掛けたが、キュウリも水分補給にはいいかもしれない。べらぼうに安いキュウリだ。ちょっと甘味のない瓜《うり》を食べているような感じだ。

　朝早くからバザールをプラプラ歩き昼まで二十分おきぐらいにいろいろなものを口にした。もう昼は食べなくてもいいだろう。長い朝食だった。

骨と肉のエキスのスープ

トルコ＊トラブソンの街　（1991年）

　朝食は街の中を見て回ってからきめることにした。まだ早いのに、広場の近くのロカンタスやその周辺には男たちがたむろしている。仕事にでかける様子はない。大半が漁師なんだろうか。漁のないときは漁村には、漁師がぶらぶらしていても不思議ではないが……。

　どの店にしようかと、しばらく店を探していた。はやっている店と、人がほとんどいないような店がある。やはり、人の多い店で食べたい。人が少なくなるのを待って、ある店に入った。さきほどの混雑ぶりはないにしても、数人の男たちがテーブルにかぶさるようにして、スープにパンを浸しながら食べていた。

　スープにパン。もっとも基本的というか、質素な食べ物である。入って来た客や回りの騒々しさに目もくれず、スープ皿に顔をつっこむように食べている姿は、神々《こうごう》し

スープとパン。清貧の幸福を感じる。この店にいる人々は食卓の幸を感じさせた。ここのスープとパンはうまかった。

い。しばらくして、その男たちに写真を撮ってもいいかと了解をえてから、カメラを向けた。彼らは、まっすぐに見つめる視線のまま微動だにしない。体をカメラの正面に向けるのである。素朴さがひしひしと伝わってくる。食べてくださいという格好をすると、男はふたたびパンを手にして齧《かじ》り、スープを飲んだ。その一連の仕種《しぐさ》をカメラにおさめた。

　トルコの人はなかなかいい顔をしている。このトラブソンの漁師たちの鋭く、しかし、悲しげな視線と尖《とが》った鼻、生活のやつれか削《そが》れたような頬、大きなくっきりとした口。しばらくして、ふたたび、彼らに気づかれないようにそっと、カメラを向けた。自然なところをとりたかったからだ。自然など

羊の肉とジャガイモのチョルバス…スープ。安い食材だ。いらぬものは入っていない。わずかな香辛料とさわやかなジャガイモと羊の匂いだけだ。

ころを撮るには、黙ってスナップをしてしまうか、何度も執拗《しつよう》にカメラを向けなければならないときもある。

さほど大きくないボウルにはいっているのは、肉だんごのスープか、骨付きの牛肉のスープ。骨付きスープは、そのまま煮た、やや白濁はしていても透明な液体がボウルに満たされている。

肉団子のスープは、Kofde カフテといった。８０００トルコリラで80円ぐらいだ。牛の骨付きスープは Hasalamaet ハスラマ・エットで、60円。そのスープのいずれもたのんだ。

朝から肉だんごのスープ。悪くはない。

牛骨のスープは、ただ一本の骨に肉がはりついているだけだ。塩味だけで、強い香辛料の風味もなくすばらしい骨と肉のエキスという感じだった。そこへ、レモンを絞りこみ、パンをときおり浸しながら食べた。

スークの中の朝食

モロッコ＊ホテルと街で（1998年）

　この日は、この異郷の地の耳慣れないコーランの響きで目が覚めた。いつもなら一瞬、睡眠を妨げられかすかに意識がもどってきそうになるが、そのまま灰色の毛布を首にまでかきよせ眠ってしまうのだ。しかし、今日は、冷たいシャワーを浴びた。五時半のはずだ。一日の一番目のコーランが流れるのが、その時間だといっていたから……。

　昨日までならしばらくベッドの中でまどろんだ後、七時頃ホテルの屋上に出て、朝食をとっていた。モロッコの建物は最上階の屋根は平らになっている。ここのホテルは室内にもレストランがあるが、その他にもこの屋上が朝食を食べさせるところになっている。どちらを選んでもいい。ぼくは屋上のほうを好んで使っていた。

　早朝の屋上は昼の汗ばむような気温とはちがい、ジュラバを着込んでも寒いくらい

やっと日が昇ってくる。吐く息は白い。室内ではなく外の寒気は気持ちがいい。熱いコーヒーが匂う。

だ。ジュラバは頭がすっぽりとはいる風防がついているコートだが、それでも寒いくらいだ。吐く息が白い。ピリッとした空気を吸いながら、しかし、昇ってきたばかりの太陽のわずかなあったかさを背に感じながら食べる朝食も気にいっていた。

七時少し過ぎに、ぼくが一番はじめにテーブルにつく。とにかくこの上なく無愛想で強欲なバアさんがテーブルのうえにいつものように朝食を調えてくれる。

まず、冷たいオレンジジュースを飲む。胃がヒリヒリするぐらいだ。酸味、甘味も強く濃厚だ。このオレンジジュースはホテルの前の広場、ジャマ・エル・フナにずらりとならんでいる屋台で、一杯、2デラハムで飲ませてくれるものとおなじだ。10

オレンジジュースが赤い。濃厚なジュースを一日に何度も飲んだ。飲むたびに、体の鮮度がよくなるような気がした。

〇パーセントのオレンジのジュースである。

　オレンジは豊富にとれる。雨もほとんど降らず、強い太陽に照らされれば濃厚にもなろう。昼間も喉《のど》が渇くとこのオレンジジュースを飲んだ。いかにもビタミンCを濃縮したという感じでカップ一杯のオレンジジュースを飲むと喉の渇きもいやされるし、旅での野菜不足の不安を解消してくれると信じてしまうほどだ。非科学的だが、気休めになる。だから、何杯も飲んでいても朝になるとまず、それを飲むと体が正常になり胃まで洗われたような気分がする。それからパンをペラペラなナイフで切りカチンカチンのバターを薄くして、押し付けるように塗るというよりのせる。その上に粘りけのないナツメヤシの実のマーマレードをたっぷり塗る。ペクチンがナツメヤシの実は少ないのだろう。サラサラにちかい。ホブスと呼ばれているパンは、これは何としてもうまい。素朴なパンだ。

スークと呼ばれる市場の中にも何軒ものパン屋がある。

そのパン屋から仕入れたのだろう。ホブスを積み重ね抱きかかえ運んでいるのをしばしば目にする。狭い店でこのパンを五、六個ならべ売っているところがじつに多い。これだけで商売になるのだろうかとおもえるほどだ。そんなところへ、子供たちが食事時間になると買いに来る。小さな子供なら二つも持つと胸一杯になる。このパンを食べたら日本のファファのパンでは物足りなくなる。

パンを齧《かじ》り熱いコーヒーを飲む。固まっているバターがマーマレードと苦いコーヒーの温かさで溶けていく。こんなに朝から腹がはち切れそうになるくらいパンを食べるなんて滅多にないことだ。それがつい食べ切れてしまうほどこの三つのコンビネーションがいい。

バアさんにポットに入っているコーヒーを所望すると、そのたびにチップ、チップと皺《しわ》だらけの手を差し出される。ちょっとでもタイミングを外すと強欲なシャイロックのような鋭い目で睨《にら》まれる。わざと遅れたり支払いを忘れたふりをして、からかうのもたのしみになっていた。しかし、そんなすばらしい朝食を袖《そで》にして、スークにでかけていき、いつもと違うなにかめずらしい朝食を食べてみようとおもったのだ。

スークで朝食を食べさせているところは何軒もある。観光客相手の店もあるが、スークに住んでいる人たちが食べにくるところもあるだろう。四日目とはいえ、いったんスークに入るとてもじゃないが、たとえ前日に出会っていても、その店へ行き着くのは大変なことだ。とにかくやたらと歩くしかない。

ぼくはホテルを出る。目の前はジャマ・エル・フナ。死者の出会う場所という奇妙な名前の広場である。昼間から深夜まで沸《わ》き上がってくる音楽や人の騒がしい声もさすがにこの時間には聞こえてこない。まったく人の動きを感じさせない。ただ静寂さだけだ。

一日中音楽が止《や》むことのないホテルの前の広場も、赤茶けた人工の光線が街頭にうっすらと浮き上がってはいるが、大半は闇《やみ》だ。

働きに出るのだろうか、ジュラバの風防を頭からすっぽりかぶり、背を丸めて歩いて広場を数人の男が通りすぎていく。

スークの入り口は、洞穴のように暗い。

薄暗い中を探るように見るとボロボロの布を頭からかぶり丸くなって転がっている

ぼくが泊まっていたホテルの前で夕方には大道芸人たちが芸を見せ、夜になると、そこが巨大な野外レストランになる。

人間がいる。一人だけではない。ある距離を置いて何人かが寝ていた。昼間、太陽の温もりを感受しながら親子、老人、手足のない男、盲人が寝ているところは見なれているが、不意に闇の中で出会うとおどろいてしまう。

　ロバの吐息がかすかに聞こえ、ロバが立っている。背には荷物が積まれている。その前を通りスークへ入っていった。すでに働いているのはパン屋だ。いい匂《にお》いがしてくる。開いている扉のまえにたち奥をのぞくと、一つの裸電球の下で一人の男とまだ小さな子供が、焼き上がったばかりのパンを取りだし、一心不乱に箱に詰めていた。一つ焼きたてを食べたいとおもったが、かれらのリズムを乱したくなかった。

スークの中も、まだ、寒い。あったかい丼のなかの粥のようなものを飲むと、しばらくすると体がめざめてくる。

白々と明けてきた。しかし、スークに陽がさすのは、まだしばらく経《た》ってからだろう。ほとんどのスークの狭い道はありあまる太陽を嫌っているかのように、その路上にはいろいろな覆《おお》いがあって一日中、直射日光は入ってこないようにしている。

一軒の店の中に数人の男たちが、座ってなにやら食べていた。スークのどれもこれも、店は狭い。

その狭い店はいささか趣が違っていた。入り口にコンロがあり、その前で珍しく女が立って、鍋《なべ》の中のものを碗《わん》に注ぎ込んでは粗末なテーブルの上にのせていた。

その店の中に入っていった。

男たちがテーブルの前に座り、女の人が持ってきた丼《どんぶり》を鷲《わし》づかみにすると、ズーズ

彼は、おだやかにテーブルについていた。パンをちぎると、ゆっくりとスープにつけて食べていた。

ーと啜《すす》りこんでいる。いささか西洋的なマナーからいえば騒々しい。西洋人は口元から発する音は嫌悪《けんお》する。しかし、蕎麦《そば》や茶、味噌汁《みそしる》までも音をたてながら飲む民族に属するぼくは、その音を聞いてもあまり嫌だとは思わなかった。むしろ食欲が出てくる。

鍋のなかから掬《すく》われているものは白濁した液体だ。見ていると白濁した液体を歪《ゆが》んだ丼にたっぷりと注ぎいれている。そして、一塊のバターがゆっくりと溶けている。ぼくも同じものを注文し、ズルズルとモロッコ人と一緒に啜りこんだ。粥《かゆ》に似たその液体は、朝の胃にゆっくりと流れ込んでいく。素朴な食べ物であろう。生意気なことをいうようだがこんな食べ物がもっとも感動させられる。

「これは何という食べ物だ」と隣の男に聞くと「ハリラだ」という。ハリラはもう何度も口にしている。すべてがもっと茶色のどろりとしたものだった。だから、白い液体の物がおなじものとは思えない。しかし、言語を介して、「茶色と白と色が違うのに、どうして同じものなのか」と聞くのはほとんど不可能だ。細かくすりつぶした米をかなりの水で煮てあるのだろうか。それともほかの雑穀を同じように煮たものか分からない。簡単なアラビア語会話の小冊子のなかの単語を指さしてもみたが、どうも米のようだった。それでもはっきりしない。

ただ、粥のような液状の奥に潜んでいるかすかな味覚を探りながら味わった。だが、そんなおもいよりも朝の食欲が強く、一つの碗をすっかり平らげるのにそんなに時間はかからなかった。これだけでは朝の食事にしては量的に物足りない。食べ物の値段としては、もっとも少ない金を払い外にでた。狭いスークの道はすでに昼間のような雑踏である。雑踏の両側の活気のある店は、やはり食べ物屋だ。スークに入り二時間ぐらいはたったろう。さきほど白いハリラを食べてから一時間ぐらいになるが、いろいろとうまそうなパンや菓子、チャイがある。朝食ではなさそうだが、人々は、買い求めている。

モロッコの一般家庭の朝食はどのようなものなんだろう。知り合いの家庭はないが、ちょっと興味がそそられる。

砂漠民ノマドのハリラ

モロッコ＊砂漠の中で（1998年）

砂漠をラクダの背に揺られながら七日間彷徨《さまよ》い、ところどころでノマド・遊牧民族が使っているのと、同じテントを張った。黒い駱駝《らくだ》の毛を編んだ布でできている。

夜など星が見えるほど編み目が粗いのだが、雨が降ると収縮し漏らないという話だ。そのテントを張った外に穴を掘り、そこに駱駝の糞《ふん》を燃やし、調理をするのだ。駱駝で彷徨うのだから材料もかぎられているし、調理をしてくれるのは、ラクダを引いている若い男である。かなりの腕であっても何種類もというわけにはいかない。毎日のように食べたのは、野菜と肉を蒸し煮にしたタジンという料理か、串《くし》に刺して焼いた羊肉だった。

四日目にはさすがにあきた。それにあらゆる料理にはかくし味のように砂が混じっている。噛《か》むたびにジャリジャリという。

その日の夜も、やはり砂漠の中でテントを張り泊まった。あまりかわりばえのしない料理を食って、寒いテントで寝た。

次の日の朝は、あまりの寒さで目が覚めた。まだ、砂漠に日が昇る前に起きだし、ジュラバを着込みテントの外に出た。身震いが出るくらい寒いし、膀胱《ぼうこう》もパンパンだ。放尿し、薄紫の空を眺めた。その空の下にノマドのテントと土の家がある。それは昨夜、焚《た》き火を囲み談笑したところだ。まだ、うすぐらい砂丘の下を羊の群れがバラバラと歩きはじめた。丈の短い枯れたような草の生えているところへ向かっている。羊の甲高い声が聞こえてくる。

この風景や朝のうすぐらい空の下の羊の群れを撮りたいとおもって、カメラを握り歩いていった。広角レンズで雄大な風景をいれ、羊の群れを撮れる距離まで近づきたい。昨夜、焚き火を囲んでいた子供たちが、羊の群れの後ろや、群れの中で短い棒を持ちゆっくりと遠ざかっていった。

昨夜とは反対の土壁のところで、老人が声をかけてきた。昇ってきたばかりの太陽の光りが、降り注ぎはじめた。わずかに寒気は和らいできたが、まだ、空気はあったまってはこない。老人は短い枯れ枝を燃やしている。まあ、火のそばにより、あったまっていけやとでもいう表情だ。

カメラを持っていた手がかじかんでいる。小さな火に手を伸ばし、炎に近づけた。しばらくすると、二人のラクダ曳《ひ》きがやってきた。すると老人の孫娘だろう。丼《どんぶり》よりやや小ぶりな器に入れたものを二つ持ってきた。見るとハリラだ。一つは老人に、一つはぼくにくれた。老人は飲むまねをしてぼくにもすぐに飲みなさいといった。焚き火に手をかざし、手先は温かくなってはいるが、体は全然あったまらない。丼から上がる湯気や匂《にお》いが魅惑的だ。口のなかにいちじるしく唾液《だえき》が分泌《ぶんぴつ》してくる。すぐに口をつけた。口の中で二、三度咀嚼《そしやく》した。豆が入っていた。それを嚙み砕くと、飲み込んだ。どろりとした液体が、口の中に入ってくる。熱い。飲み込めないほどではない。食道から胃へゆっくりとはいっていく。見ると隣の二人もぼくの口元を見ている。この国は、年の順番だ。老人が尊敬されている。しばらくすると、ここの老人の息子、といっても四十歳ぐらいのおやじが、手に二つの丼を持ってやってきた。二人のラクダ曳きに渡すと、二人は餓鬼のようにズーズーと啜《すす》り込んだ。熱いのでおもわず目を白黒させている。それでもまた啜りこんでいる。鼻水がでてくるのだろう。掌《てのひら》で鼻づらを擦《こす》っている。

ここのハリラは、マラケッシュで食べたものより唐辛子がきいて、ピリッと辛い。この四日、いささかダレた味のものばかりだったので、この刺激は胃腸や神経をさま

火力の強い枯れ草が転がっている。それで湯を沸かし羊肉を焼いた。ミント入りの甘い茶を飲んだ。

すようにおもえた。作り方を聞くとマラケッシュで聞いたものとほとんど変わらないが、ガルバンゾウ豆で、粉ではなく、水に漬け、柔らかくしたものをいれ、じっくり煮てある。唐辛子の粉がかなり入っている。

二人のラクダ曳きも、ここのはグッド・グッドと親指を立てていた。男たちは飲み終わった後、唇を二、三度なめ、そして手の甲で拭《ぬぐ》った。

体があったまった。太陽がでてきたこともあるが、体の中から熱くなった。それに久し振りの液体のものだ。胃がほっとしているような気がした。もう一杯飲んだ。

このノマドが放牧していった羊の群れから一頭選び買うつもりだ。砂漠へ出るとき

二人のラクダ曳きだ。ハリラを啜っている。朝は寒くて体が固くなっている。ハリラを啜ると内側からあったかくなる。

に持ってきた肉は、匂いが出てきた。夜は零下になり、乾燥はしているが、昼は三十度近くなる。腐りはじめてもしかたがない。新鮮な肉をふんだんに食べたい。軽い朝食の後、羊を解体することになっている。

エリカばあさんのマルメラータ

イタリア＊セグロ（1974年）

ぼくらはカミさんと助手の江口、岩宮両君とぼくと四人、ミラノの郊外のセグロという村に住んでいた。

家はスペイン風の農家のような部屋数が二十はあろうかというところだった。百年はたっている。家全体を覆《おお》うように藤の蔓《つる》がのびていた。春になると藤の花がぶら下がった。そこにパティオがありその向こうが農園だった。そのパティオで寒い季節以外は朝、昼、晩と食事をした。

この小さな街並にもネゴチョオ（八百屋）、マチェレリア（肉屋）、パニフィチョ（パン屋）、バールがある。

バールはイタリア人にはなくてはならないところだ。かれらは小さなピアザ・広場というぐらい、だれもが一日に何度か入り、カプチーノやエスプレッソを飲んだり、夕暮れにはアペリチィボーを飲んだりするところだ。また、多くの人がバールでブリオシュとカプチーノなどの朝食をとるところでもある。

ぼくらは、バールで朝食をとるのは、イタリアの他の土地を旅したときぐらいで、いつもは自分の家で食べていた。

ぼくは朝から甘いブリオシュはあまり口にはしなかった。いつも軽い丸いパンだった。パンは焼きたてがうまい。日曜日でも休まないのはパン屋だった。だからパンは買い置きはしなかった。ぼくらにとってというよりこの村の人にも、日曜も祭日もなく、もっとも大切なところだ。住んでいた家から歩いて、二分とかからないところにあった。毎朝、まず、目がさめると二人の助手のエグッちゃんか、カラテ（岩宮君）かが交互で、パンを五、六個買いに行った。

パンを買いに行っている間にパヴォーニ製のピカピカに磨いた機械から噴出する蒸気でコーヒーを沸かす。滴《したた》り落ちるコーヒーの香が庭においてあるテーブルまで匂《にお》ってきた。

パンを買いに行かなかった方の助手のどちらかが、いれているのだ。

ぼくは角砂糖、大きめのコーヒーカップ、デミタス・カップ、バターに、イチゴ、アルビコッカ（杏《あんず》）、オレンジのマルメラータ（マーマレード）の中からその日の気

ミラノの冬の朝は濃い霧になる。庭にはコリント風の石柱があり、飼っていた二ひきの猫が登っていた。

分で選んで、その一つをペンキを白く塗った鉄製のテーブルのうえに並べた。いずれもこの家の門番というか管理をしているばあさんのエリカの自家製だ。このパティオの向こうに植えて収穫されたものばかりだ。

買ってきたパンは、そのままテーブルの上に一つずつならべる。そのパンを割ってエリカの作ってくれたマルメラータを塗って食べた。この家にエリカばあさんがお手伝いさんとして住んでいたころは、この家の持主は、仕事もうまくいっていたらしい。いつも、コックがいたから、エリカは料理について何もしなかった。だから、エリカの料理はひどくまずい。それもしかたがないところだろう。しかし、マルメラータや瓶詰を作るのはうまい。マルメラータだけ

毎朝、近所のパン屋で買ってきた焼きたてのパンだ。割ると中が空っぽの不思議な軽いパンだった。

エリカばあさんとぼくらが安いトマトで瓶詰を作った。甘いトマトの朝食用のマルメラータもある。

はつくっていたらしい。

中庭の外は、けっこう広い庭になっている。五百坪はあるだろう。そこに、果樹が何十本とある。葡萄《ぶどう》、洋梨《なし》、林檎《りんご》、アルビコッカ、サクランボ、レモン、柿《かき》（ＫＡＫＩという言葉をエリカから聞いてびっくりした）がある。苺《いちご》の畑がある。それらの木からふんだんに果物がとれた。それを利用して作っていたのだ。

ありあまる果物を、小鳥に食べさせてしまうのはもったいないと、マルメラータ作りにはげんでいたのである。それがけっこううまいので、ここの主人も、娘のシモネッタもときどきやってきては、バラの花束とマルメラータをエリカからもらっては帰る後ろ姿をよく見たものだ。

エリカの部屋には、マルメラータの瓶が埃《ほこり》をかぶって、ずらりとならんでいる。ぼくらも、無くなると、そこからもらってきた。

ぼくらが食べていたのにも、瓶のラベルに書きこんである数字を見て、びっくりするぐらい昔のものがあったりする。何年のものか分かるようにエリカは数字をいれている。ときどき、エリカは、新しいマルメラータや果物のシロップ煮を作ってくれた。

季節ごとに、春のサクランボ、イチゴ、秋の林檎、葡萄、アルビコッカなどのマルメラータを作った。一年半たち、日本に帰ってきた。その時に、十個ばかり残ったマルメラータの瓶詰をもち帰った。そのうちのいくつかは食べてしまった。しばらくは、二個残っていたが、色は変わるどころか、そのままだった。

陶磁器のピッチャーに、コーヒーがたまると、今度は、ミルクを注いだピッチャーに蒸気のでるノズルをさしこみ、その蒸気で熱くし、アワをたてた。熱くなったミルクとコーヒーを持ってきて、パティオに出したテーブルの上で、それぞれの好みの分量をまぜてカプチーノを作った。

冬の寒い時以外はほとんどそのパティオで食事をとったといったが、まったく気持ちのいいところだった。

春から夏にかけパティオの塀にからみついた薔薇《ばら》が咲き、いっときは藤の花との饗《きょう》宴《えん》になった。夏の夜は蛍が飛んだ。昼の暑さはたかいプラタナスの枝が大きな影を作ってくれた。特に夏の朝は、緯度も北海道とおなじで爽《さわ》やかだった。湿気はほとんどない。

イタリア人はカプチーノとそしてブリオシュのような甘い菓子パンを、バールなどで軽くすませるのが普通だ。昼がもっとも一日で大事な、しかも量的に多い食事となる。だから朝はイタリア人のような食いしん坊にしてはおどろくほど軽めだ。イギリス人などとかなり違う。

庭に畑があった。いろいろな葉っぱ類やトマトなどはここから採ってきた。サラダのうまさを知ったのはこの畑からだ。

ぼくらもカプチーノと軽いパンで朝食は終わった。そしてエスプレッソをいれ、濃厚なコーヒーを飲み朝の光りをあびながらその日の撮影のことなど考えていた。

一年半の大半をおなじような朝食をとっていたことになる。

もう三十年ほどになるが今でもパヴォーニのエスプレッソの機械といくつかのデミタス・カップが健在だし、エリカの作ったマルメラータの空の瓶が残っている。エリカの作った年の数字が書いてある。12/9/1966。

ここは「夏の食堂」といわれていた。暖炉がある「冬の食堂」もあった。
しかし春夏秋は外のパティオで朝食を摂った。

冬。パリ。グラチネ。市場。朝食。

フランス＊パリ（1971年）

パリは、冬でも暗いうちから石畳の上を走る車の音で目がさめる。三十年前でも車がほとんどだった。滅多に通りはしなかったがときには荷車のカラカラという硬い音が響いてきたものだ。その時間になると鳩《はと》が窓の何度も塗り替えられてきた鉄を組み合わされた手スリのところに止まり、クックーッと朝の声をあげては数羽が羽ばたいていた。

ぼくらはその当時、中庭を囲むように建っている二十部屋もないような小さなホテルに逗留《とうりゅう》していた。その中庭の表通りに面したところにパン屋があり、中華料理の店、花屋、カフェなどの雑多な店があり、二階から上（普段、ぼくらは二階だとおもっているのだが、フランスではたしか、グランドフロアがあり、その上を一階といっていたようにおもったが）は事務所や普通の住居になっていた。

パン焼きは朝が早い。下手をするとウトウトとしたらパン焼きがはじまり、働く人の気配や匂《にお》いがしたものだ。それに近くに市場（旧レ・アール）があり、市場へ通う人たちの窓の下を行く車や荷車の音がした。またウトウトするとカフェの店の扉が開く音がし、カフェのおやじとすれちがう知り合いの男たちの朝の元気な挨拶《あいさつ》声が聞こえた。そして、アルジェリア人が道路を掃く音がした。水の栓を開き道路の際《きわ》を流れる水を、車でもはねて走り去るのだろう、ジャージャーという音がした。

ホテルのおやじが起き、下で朝食の用意をしているのだろう。おやじの大きな声がかすかに隙間《すきま》だらけのぼくらの部屋まで聞こえる。

市場から帰りの車が通る。だが、冬の朝はまだ、薄暗い。しかし、その冬のパリの朝の道を帰る市場の男の車が通るたびに、スープ・ア・ロニオン・グラチネ、オニオンとチーズがたっぷり入った、いささか薄汚い料理（本場のやつは、厚手の陶器のボウルにチーズやスープが飛び、縁や底に茶色くこびりついている）をおもいだすのだ。じつは、レストラン（フランス語で力をつけるものの意味）のはじまりは、このグラチネを、ある薬屋のおやじが、冬の寒いときに市場へやってくる男たちのために作り、売りだしたのがはじまりだ。

腹はすくし寒い、それに荷車を引いて店まで帰らなければならない。体力もいるだ

冬のパリはすぐに夕暮れになる。まだ三時ごろかもしれない。葉のない街路樹も石の家に似合う。

ろうし、空きっ腹、それにこのパリの寒気だ。かなり辛《つら》い仕事だ。そこへ舌も焼けんばかりのこのスープだ。たっぷりの玉葱《ねぎ》、たっぷりのチーズ。そして、パンが数枚入ったスープ。これならだれでも食べたくなる。それが市場で働く男たちの、朝に食べるはじめての食事になったのだ。

このスープは飲むというより食べるといったほうがいいだろう。一杯のスープを腹におさめ、荷車を引いて帰ったのだろう。

冬ならば朝からグラチネを食べてみたくなる。だが今ではそんなところもなくなった。朝早くからレストランで働く人もいない。そのかわりといえば、早朝に開いているのはカフェである。そこでバケットかクロワッサン、熱いカフェオレぐらいですま

これが本場のグラチネ。テーブルにきても、まだぐつぐつといっている。
飲むというより食べるスープだ。

せる。荷車や馬車を曳《ひ》いてなんていう時代でなく、車である。朝からそんなにカロリーのあるものを食べなくとも車の中は暖かいし、ただハンドルを握っていればいい。時にはというか、しばしば朝から「朝のワインは体にいい」などと言ってワインをぐいとひっかけているおっさんも一人や二人ではない。結構いる。横でポリスがコーヒーを飲んでいても平気で一杯やっている。そして、荷物を積んだ車に乗り込んだりしていた。

グラチネを出したその薬局屋のおやじはかなり儲《もう》けた。となると近所のおやじたちもそれをまねる。朝だけではもったいない、昼も夜もとなり、料理の種類も店それぞれで工夫した。店も市場のまわりではなくいろいろな地域に分散された。市場の回りは朝と昼。その他のところは朝はなく、昼と夜。そして、夜だけのところも。夜の美女が男を連れてやってきた。華やかになった。マキシムもそんな店の一つだった。

レストランができて、まだ、二百年もたっていない。その間に、何人もの天才的な料理人が出てきて、さまざまな高級フランス料理の花が開いたわけである。だが、はじめはこの薄汚い早朝のグラチネであった。

朝からというには現在の生活からはいささか重いがまあ、日曜日に朝と昼の食事を兼ねたブランチとして食べてみたらどうだろう。まず材料だが……。

4人分
玉葱（大）―8個
バター―100g
小麦粉―大匙《さじ》1
ナチュラル・チーズ―240g
牛肉スープ―1・6リッター

バケット―8切
パセリ（みじん切り）―大匙4
ディジョン・マスタード―小匙4
シェリー―大匙8
塩、コショウ―少々

1　玉葱はスライスし、厚手の鍋《なべ》に、バターを溶かし、炒《いた》め、しばらくしたら小麦粉をふりかけ茶色になるまで30分以上じっくり炒める。
2　1に牛肉スープを注ぎ、10分ほど煮、シェリーを注ぎ、パセリ、塩、コショウをする。
3　耐熱性のボウル4個の底にマスタードを小匙1ずつ入れ、3分の1ほど2を注ぐ。スライスしたチーズを敷く。トーストしたバケットを2個ずつ入れ、上から2のスープを注ぐ。その上にさらにチーズを並べる。
4　200度Cにあらかじめ、あたためておいたオーブンに入れ20分ほど焼く。上のチーズが溶け、焼き色がついてきたらいい。
フツフツと音をたてる耐熱性の厚手の器を前にしてさて、諸君たちは……。

近所の労働者たち。朝からワインを飲んでいる人。バターだけのバケットを齧ってる人。コーヒーを飲んでいる人。

前のカフェからコーヒーを持ってこさせ、作業を中断し、入口でうまそうに飲んでいた。

バターをたっぷり練り込むクロワッサンは、かなりカロリーが高い。カフェオレにクロワッサンを浸して朝食。

このグラチネはフランスでも安いのでよく昼に食べた。

やがておやじが階段を上がってくる。おやじは木製の縦50センチ横は80センチぐらいのプレートに二つの小さなプレートをのせ、一つずつのプレートにはクロワッサンがそれぞれ二個、あるいはバケットを半分、たっぷりのバター、マーマレード、角砂糖が十個ほどはいっているシュガーポット。ポットにはコーヒー、白い陶器の大振りピッチャーのようなものに熱いミルク、それぞれに大きめなカフェオレ用のカップ、バター・ナイフ、ナイフとフォーク、砂糖を混ぜる小さなスプーン、ピンクの木綿のナプキンをのせてある。ぼくの部屋の前にきてガタピシの扉を叩《たた》く。ドンドン。ぼくは傾《かし》いだ大きな昔のベッドからおりて扉を開けると、「ボンジュール」とおやじは牛の喉《のど》でもしめつけたような声を出す。ぼくも「ボンジュール」と答える。

ボンジュールの言葉の後に、今日はどこへいくのかとか、一言二言と話しかけてくる。こちらも簡単な単語を並べる。話しながらそのプレートを受けとる。けっこう重い。いつも両手でも寝ぼけていたりすると傾いでハッとする。それをベッド・サイドの台の上に置き、脚の付いた台を彼女の膝《ひざ》のところに置き、朝食ののったプレートをのせる。

ぼくはベッドにあがり体を腰までいれ、おなじように脚つきの台とプレートを置く。まず、カップにコーヒーをいれ、少なめのミルクを注ぎ、やや濃いめのカフェオレをカップ半分ほど作る。砂糖はいれない。苦いコーヒーをゆっくり飲む。彼女ははじめからミルクのたっぷり入ったカフェオレだ。

隙間だらけでも湯を循環させる暖房が窓のしたにずらりとならんでいて部屋は暖かい。肩を出していても寒くはない。そしてパリのカフェで普通に飲まれているカフェオレを作り、クロワッサンを縦に半分に割き、まだ固まっているバターをバター・ナイフで切りそのままのせる。マーマレードをちょっぴりつける。そのクロワッサンをカフェオレにつける。びしょびしょしみてくるクロワッサンを口にする。熱いカフェオレで溶けはじめたバターとクロワッサンの香ばしい匂いが混ざる。ただ口に入れるだけだ。噛《か》む必要はない。

ぼくらは怠惰に食べはじめた。前の晩に卵料理などをたのんでおくとオムレツなどがついてくるが、朝は軽くて充分だった。

たまたまぼくが出版した写真集がベストセラーになった。おもわぬ金が懐《ふところ》に入り、ヨーロッパを半年めぐった。そのとき冬のパリに着いたばかりのある日の朝の想《おも》い出だ。

ぼくらはこんなフランス式の朝食をフランス映画でなんどか見て知っていたし、はじめのうちはいささか違和感があったがいったん、この朝食になじむとなんとも気持ちがいい。食事を終えて首まで毛布をひきずりあげ、また、うつらうつらと一時間ほど眠ったものだ。

目を覚ますと鈍色《にびいろ》の太陽が白いカーテンに滲《にじ》んでいたりするが、パリの冬はほとんど灰色の空だ。さて、今日はどこへ行くかとしばらくベッドの中で考えていた。

彼女はまだ眠っている。彼女というのはぼくの今のカミさんになった人だ。

彼女と半年以上、ヨーロッパのほとんどを巡った。いろいろな思い出が積もってい

フランス人もイタリア人もコーヒーにビックリするぐらい砂糖を入れる。角砂糖が崩れ氷山のように盛り上がっている。

った。若いときにしかできない旅だった。この旅を終えて懐に金が無くなるなんてことも気がつかなかった。若いときは何でもおもしろい。好奇心の棘《とげ》が無数にたってい る。

朝食だけでなく、昼、夜のレストランでの食事も、今のように、フランス、イタリア、スペイン料理、まして北欧の料理など見せてくれることはなかった。新しい扉を開いてくれ、味覚や食文化を教えられた。

世界中の人々と考えていることは同じだとおもったりしても、すぐにこりゃ水と油だ混じりようがないとおもったりもした。

パリを拠点にヨーロッパを巡ったのだから、パリの朝食がもっとも回数が多かった。この小さなホテルで、しかも、いつもベッ

春になろうかという時だ。小さな窓からパリの季節を感じていた。今日は、どうしようか。朝、この窓を見て決めた。

ドの中での怠惰な食事が、けっこう気持ちのいいものだった。
冬から夏までの季節の変化はあったが、ここの朝食はいつも同じものだった。

朝食はカフェで

オーストリア＊ウィーン（1981年）

ウィーンのカフェは、二百年や三百年たっているところも珍しくはない。当然、名前の通っているカフェも多い。ぶらぶら歩いていて、ちょっと気になるところへ入ってみると、そこが有名なクライネスだったり、世紀末芸術家のクリムトやエゴン・シーレなども入りびたっていたカフェ・ムゼウムだったりする。その近くにヒットラーの好みであったカフェ・シュペールがある。そこであの小柄で風采《ふうさい》のあがらない彼の頭の中で荒唐無稽《こうとうむけい》な幻想をかきたてていたのだろう。

ちょっとブラブラしているといろいろなカフェにぶつかる。昼間にさんざんカフェに入りびたっていたのに、次の日の朝、ホテルでコーヒーを飲んでも何か物足りない。外へ出てしばらく当てもなく石畳の路地を左右に選びながら歩いていると、カフェにぶつかる。とりあえず入ってみる。どうしてこんなにカフェが立派なのだろうか。カフェはただコーヒーを飲むだけではなく、トランプ、ビリヤードなどの遊戯の場所でもあった。ビリヤードの台をおいてある部屋もある。

天井の低い日本の建物になれていると天井の高いカフェの下にいると落ち着くのだが、なんだか頭の上がスカスカする。それにプライバシーを大切にしているというか動物としての人間が無防備でいられる空間になっていることが、テーブルとテーブルとの間がゆったり保たれていることでも分かる。

椅子《いす》はさまざまな形がある。ムンドゥス風の籐《とう》椅子、布、皮張りだったりする。だが、ある時、テーブルのすべてが大理石であることに気がついた。聞いてみると、これは決められていると言った。他の素材ではだめらしい。大理石なら汚れもしないし、それに衛生的である。

朝、早くも何人もの常連が座って新聞を読んでいる。新聞はバラバラにならないように挟んで綴《と》じてある。挟んでいるものの素材は籐であったり、木だったり、真鍮《しんちゅう》、針金だったりする。その綴じ方もいろいろ工夫されている。新聞もペラペラしなくて見やすい。テーブルの上にコーヒーがおいてあっても、邪魔にならない。

入ってくると、いつもの席へ向かう。自分の決まりの席があるのだろう。同じカフェへ同じ時間に行くと、昨日の朝のように同じ人が、同じ新聞を広げ、同じコーヒー

天井がおどろくほど高い。四隅に薄い闇がある。明かりも薄ぼんやりしている。白々とした蛍光灯は使わない。

を飲んでいる。常連は黙って席に着くとウエイターも黙ってコーヒーを出している。飲み物や食べるものもきまっているのだろう。

何ともいいのは、ウェイターの徹底したプロ意識だ。シミ一つない白いシャツにチョッキ。後で知ったのだが、シャツや、ところによってはタキシード、ズボン、チョッキなども自前だそうだ。

たいていは、この仕事を二十年はやっていそうな人たちばかりだ。顔には年輪をかさねた皺《しわ》があっても、赤ん坊のような清潔さがある。

カフェは朝七時から午後の二時まで働くウェイターと、午後二時ごろから夜の十一時まで働くウェイターと、二つのグループ

細い路地が入り組んでいる。路地はうす暗く人通りも少ない。馬車のカッカッカというひずめの音が響く。

になっている。そのカフェの大きさにもよるだろうが、三、四人が働いている。

それだけ長い年月、プロとして生き生きと働けるのは、収入がいいからだ。日本のようにちょっとしたアルバイトでやるのとは根本的に違う。

イタリアでも、はやっているレストランのカメリエーレは、大統領よりも実入りがいいんだなんて、冗談とも本気ともつかぬ話を聞いたことがある。ウィーンのカフェのウェイターも給料の他に、チップがたんまり入るのだ。だから、プライドもある。他の人に仕事は奪われたくない。それだけきびしいところなのだ。

ウィーンへはじめて行ったのは小澤征爾《せいじ》さんがウィーンフィルではじめて指揮をし

た次の年だった。だから、もう三十年ほども前になろう。それから十年ほどたち、ウィーンを再訪したことがある。何度か通ったカフェへいってみると、その店で十年前と同じように顔見知りのウェイターが働いていた。そんな店がその一軒だけではない。それにはおどろいた。

ぼくが、朝からカフェで朝食を摂るようになったのは、ホテルではバイキング式の朝食が、多くなってきたからだ。朝から皿をもって自分の食べるものを取りにいくというのには、どうも抵抗があった。今でもだが……。カフェならすばらしいウェイターがサービスをしてくれる。それにコーヒーもうまいし、普通の朝食もいい。

次々と焼き上がってくるケーキ類にも魅力があった。本来なら甘いものはあまり口にしないほうだが、ウィーンにきて一度、ケーキを食べてから、こりゃいろいろなケーキを食べて見ようとおもった。あの有名なザッハー・トルテや、シュトルーデル、ドボストルテ、モーンシュトゥルーテ、グゲブフ、クレープ、プディングなどを食べた。ならばと、二日に一回は、甘いケーキとコーヒーで朝食がわりにした。

しかし、もっとも多く食べたのは、アプフェル・シュトルーデルだ。薄い生地にリンゴ、干しぶどう、砂糖、シナモン、レモンの皮をまぜたものをロールケーキを作るように巻いていき、表面に溶かしバターを塗り、それをオーブンで焼くのだ。１００

センチを越えるぐらいの長いケーキになる。シュトルーデルの表面がパリパリになり、かすかな焼き色がつけば出来上がりである。それにサクランボのシュトルーデル、キルシェン・シュトルフェレールも食べた。

特にアプフェル・シュトルデルフェーレは、朝食にもっともいい。甘いだけではなくリンゴの酸味もあり、ミルク・コーヒーとじつに合うのだ。一切れで一個ぐらいのリンゴを食べたことになるのではないだろうか。

オーストリアではミルク・コーヒーのことをブラウナーといったとおもう。

カフェでは、ふだんヨーロッパならどこでも食べられる朝食のメニューもある。それを選ぶのもいい。オムレツにスクランブルエッグ、そしてソーセイジもある。

甘いパン類とコーヒーで朝食をすませる人も多い。軽くいきたいときは、クロワッサンがある。後で知ったのだが、フランスでもっとも有名なクロワッサンは、じつは、オーストリアのものなのだ。その起源についてはいろいろな伝説がある。その一つは、トルコが一六八三年にオーストリア軍によって撃退された日。突然のオーストリア軍の勝利の朗報である。あるパン屋が、うれしく気もそぞろ、仕事が手につかない。手っとり早くクルクル巻き丸くまとめるより棒状にちぎって焼いたという。もう一つは、撃退した後に残っていたトルコ軍のパンが月の形をしていたとか、トルコの国旗に描

ヨハン・シュトラウスの像だったろうか。軽いポルカかウィンナーワルツ、金色のバイオリンから響いてきそうだ。

かれている三日月の形にして焼いたという。

　もっと大事な忘れ物がもう一つある。大量のコーヒー豆である。戦利品としてオーストリアの将軍たちに分け与えられた。嗜《し》好品《こうひん》としてなかなかよろしい。それが人々の口になじみ、ウィーンでコーヒーがいち早く飲まれるようになり、カフェができるようになった。コーヒーが商売になるとおもった男がカフェを出した。だから、それだけの歴史があり、なんとも完熟している。しかし、コーヒー店を世界中ではじめて出したところはイタリアのベネチアで、二番目が、このウィーンということになっている。

　朝食にクロワッサンとコーヒー。

　クロワッサンは、たっぷりのバターが練

クロワッサンはフランス人が初めて焼いたものかと思っていたが、実はオーストリア人だったというのだ。

りこまれているから、カロリーは高い。これはなんとも簡便でいい。それにコーヒーは朝になくてはならない飲み物になっている。コーヒーを飲まないと目がさめないばかりか体もシャンとしないという人もいる。ミルクがたっぷり入ったカフェオレとクロワッサンがあればフランスの朝食はそれだけでいいのだ。だが、そのクロワッサンがウィーン生まれなんて知らなかった。

ドイツの朝食はパンにあり

ドイツ＊デュッセルドルフ（1991年）

　写真フィルム・メーカーのヨーロッパの支局の総元締めになっている工場が、デュッセルドルフにある。その写真フィルム・メーカーのカレンダーを、この二十数年撮影している。ヨーロッパで撮影する時は、最後にデュッセルドルフで現像をすることにしていた。

　必ず泊まるホテルがあった。小さなホテルだが、とにかくこれ程ドイツを感じさせてくれるホテルもないだろう。戦前に建てられていて、外観はいかにも大袈裟《おおげさ》で厳《いか》つい。内部は大戦で焼けたにちがいない。内装が新しい。

　男がもっとも理想とするところは、毎日食べても飽きない中華料理、恋人は甘い雰囲気を醸《かも》し出すのがうまいフランス人、妻にするには貞淑で気遣いのある日本人……本当ですかネ……、いや、本当なんでしょう。お手伝いさんは几帳面《きちょうめん》なドイツ人などといったのはどこの誰だろう。この言葉はいろいろと差し障《さわ》りがある。しかし、整理整頓《せいとん》、ものごとをキッチリさせることについてはドイツ人のもっとも得意とするところだ。

部屋の掃除は完璧《かんぺき》である。床や風呂場《ふろば》はアルコールで拭《ふ》く。シーツは痛いと感じるほどのアイロンのきいた厚手のコットンが、敷いてある。板のようにパリッとしている。ベッドの側の二重窓の窓ガラスも汚れや染《し》みはない。

木の扉は気持ちよく閉まる。カギ穴のカギに揺るぎはない。

レセプションの男たちも几帳面である。

毎晩のようにバーへ通った。これほど清潔なところはない。床を触ってもホコリは指先にはつくまい。それだけならこんなとこへはこないだろう。いくら賞賛してもし過ぎることのないビールがあるからだ。やはりビールが最高なのだ。ビールの泡はきめ細かい。イギリスのパブのようにさっと注ぐのではなく、サーバーのしたに置き、一度目はそのままコップ一杯に注ぎ、コップの泡だけをヘラのようなもので、外にポイポイと捨て、減った分量のビールを注ぐのだ。そして、また、七分目のビールのうえに盛り上がっている泡を外へ出す。そして、また、注ぐ。するとビールのうえにコップの縁から5ミリほどのクリーミーな泡が盛り上がる。それをカウンターの上にお

ドイツを歩いていると、やたらと喉が渇く。１キロも歩くとビールを飲んでいた。種類も多く飲みあきない。

いてくれる。温度はいつも同じ。日本やアメリカのように頭につき刺さるような冷たさではない。だが、ここのホテルの料理は、ドイツなら平均的な味だ。ただそれだけのものだ。夕食を一度だけとったことがあるが、後は、外で食べるようにした。しかし、朝食は気に入っている。ここのパンがうまい。聞くとこのホテルでは焼いてはいないが、この近くの評判の昔風のパン屋からもってこさせているのだという。

ここも朝食はビュフェ・スタイルである。だが、あのペラペラとした雰囲気ではない。あくまでも重厚である。

食堂のまんなかに楕円形《だえんけい》のテーブルがあり、これも白いリネン風のテーブルクロスが敷いてある。まず、目につくのがパンだ。

ドイツだけではないが、とにかくヨーロッパの朝食はいかにも朝にふさわしいような清潔さが漂う。

朝からハム、生ハム、ソーセイジなどの肉類をふんだんに食べる。つい食べすぎてしまう。黒いパンは肉類と合う。

ドイツは農業国だといっていいほど広大な農地がある。ジャガイモ、麦、野外の牧場で豚を飼育したりしていた。

パンは平たい二つの籠《かご》に、形態と色とをうまく組み合わせ盛ってある。ドイツ語でブロートとブレートヒェンという二つに分かれる。一つは、食パンのようなパン。もう一つは、小さな菓子パンのような丸めたパン。英語では、Bread Roolls というところだろうか。

ブロートはパン屋のショーウインドーでも重々しくて、軽快なイタリアやフランスのパンと雰囲気が違う。実質本位のパンだ。どれくらいの種類があるのだろう。

小麦が主体のもの。

大麦が主体のもの。

それにライ麦を混ぜたもの。

ソバ粉を混ぜたもの。

そのほかに玉葱《ねぎ》入り。

芥子《からし》やゴマ、ハーブ入り。

胚芽《はいが》入り。

酢キャベツ入り。

クルミ入り、そして等々。

何といってもどっしり重いのはライ麦入りが多いせいだろう。茶褐色から黒いものまである。白い食パンもある。

今では東京でも食べられる、黒いパンパーニッケルというライ麦とグラハム粉をつかって焼いたパンがある。ちょっと酸味があり、ずっしりと重く乾燥しないように密封してある。朝からはいささか重い。食べる気がしない。レバーペーストなどを塗りつけると合うのだろう。

朝食にもソーセイジやハム類を大いに食べる。昼に熱い肉などの料理を食べ、夜はチーズ、ソーセイジ、ハムなどですませるなんて聞いていたのだが、どうもそれとも違う。夜にもやはり暖かい料理が出る。

朝のビュフェの銀盆にもソーセイジやハムがならんでいる。暖色系の太いクレパスを並べたようだ。

ジャムがならんでいる。いろいろな果物を使ったものが瓶に入っている。ぼくらにはブルーベリー、ラズベリーは珍しかった。マーマレードもいく種類もある。

ドイツにくると、昼、夜も料理の量が多いせいか、大食いになってしまう。皿に四、五個ぐらいのパンとハム、ソーセイジを山盛りにする。それに小さな皿にジャムやマーマレードをいれる。

当時のぼくは、身長165センチ、体重78キロ、ウェストが1メートル5センチあった。そのころ、ドイツで、昼夜もフルコースでも平気だった。そして、朝になれば空腹になっていた。

現在は、身長は変わらず、体重が63キロ。だが、朝食を一度もまずいとか、食べたくないとおもったことはないが、そのころのように朝から満腹になるまで食べるなんてことはなくなった。腹八分目だ。

朝食がドイツ人気質を実によく現している。朝食がドイツ人を作った。

燻製《くんせい》ウナギの叩《たた》き売り口上

ドイツ＊ハンブルグ（1989年）

「さっき、ちょいと若いのをからかったらプンプン怒っていっちまいやがったよ。おれは、ほんの冗談のつもりなのにさ。うかぬ顔しているから、かあちゃんにキンタマをけられたんじゃないかって、言ったんだ。まあ、図星ってとこだろうよ。そんなことで、怒っちゃいかん。ここにいらっしゃる皆さんは、そんなかたは、いらっしゃらない。おれなんぞ元気がありすぎて困っておる。今日も、こうだ。『もういいかげんにしてよ。イタチじゃないんだよ。なんどやりゃいいのさだって』と、まあ、こういいやがって手をはじくから、その手をむんずとつかまえて、ほれこのようにしてやったのさ（男はウナギの燻製を股《また》ぐらにはさんで腰をふる）。

カミさん、ベッドにとびこみやがったよ」

ぼくがウォークマンで録音したものを後で、ドイツに十五年も滞在している友だち

太くて長い。赤ん坊の腕ぐらいある。卑猥な言葉が飛び交う。こちらは言葉が分からないのについ笑ってしまう。

に訳してもらったものだ。

ウナギの叩き売りのおっさんは、あたりをちょっと見まわして、反応はいかに。

「こんなに太えのを四本と、こいつを二本、それに、とうちゃんのように立派なのを一本添えて、どうだ……」

男はウナギのしっぽのほうを握って、しきりに上下にふる。そのたびに、まわりを囲んでいる客は、くすくす笑う。中年の女の人が手を伸ばすと、男は紙に包もうとした一番太いウナギを取りだし、握らせようとする。

「そこまでは伸びないよ。そこの娘さん、ちょいと渡してくださいな」

男が、ベッドのなかの女のしぐさをすると、客はハチの巣をつついたように笑う。

ハンブルグの港町の一角にある広場は、早朝からにぎわい、そのなかでも、ウナギの燻製の叩き売りの前は、黒山の人だかりだった。人だかりは、一つや二つじゃない。十か所ぐらいあろう。なんという人気だろう。その他にもバナナ売りがいる。ニンニクをふりかざし、ワメいている女がいる。ニンニクが束になっていて、それを買っていく。

ドイツ語は、女をクドいたりするには似合わぬが、人々を煽《あお》り、激情させるには向いている。ヒットラーの演説もかなわないというほど、力強い。思わず手を上げて「買った」と言いそうになる。もう、この道何十年、ドスのきいた声は、さすがにスゴい。知らず知らずのうちに、客の手を上げさせ、ウナギを握らせていた。一種の催眠術だ。完全にかかりそうになる。その話術たるやそうとうなものだ。話術一つで、ウナギの売り上げが違う。十ほどもあるといったが、ウナギが捌《さば》けていくスピードがまるで違っている。

どうもはかばかしくない隣のウナギ売りおやじが、やにわに、ウナギを客の頭上にほうり投げはじめた。客はどっと動く。するとこちらでも、こりゃ大変だと、動きかけた客に向って、ウナギを投げる。言葉より品物だ。客の足がとどまる。

客は、空を飛んでいるウナギを争ってつかもうとおどりあがる。市場はふくれあが

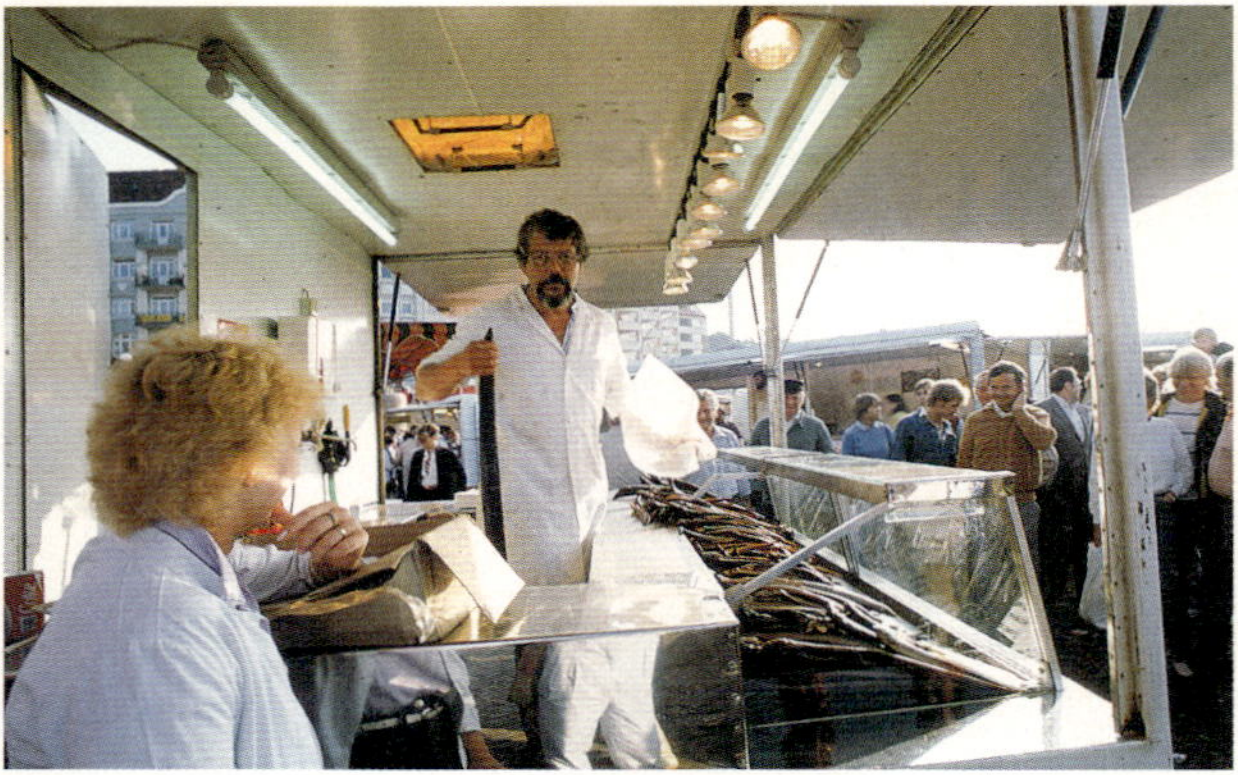

隣も同じウナギのたたき売り。すごい量の燻製ウナギを積んでいる。それを半日で売ってしまおうという魂胆だ。熱が入る。

り活気が張《みなぎ》る。

燻製ウナギはイギリスでもハイティーの時にも食べると聞く一方、いわゆる体力を使う労働者の食べ物であるとも言われている。

ドイツだけでなく、オランダ、デンマークでも燻製ウナギはよく食べられる。しかも、豚のせり市、牛馬の市や祭にはかならずといっていいほど、広場で売られている。ドイツのように過激ではないが、やはり口上がつく。山高帽子、蝶《ちょう》ネクタイ、赤い縞《しま》のシャツという正装であるのがおかしい。

十年ほど前に、ここハンブルグの漁港にきている。その時と比べると市場全体のシチュエイションはほとんど変っていないが、細部はかなり変っている。港も整備された。

ハンブルグの週末。このような魚の露店がいくつも立つ。とにかく身動きがとれないほど賑やかだ。

ちょっとばかり薄汚れた風情《ふぜい》が欠けてしまった。当時は、まだ丸い傘のしたで、ウナギの燻製をのんびり、売っていたが、いまではアメリカ風の清潔な車を改造した中で、叩き売りというのが多くなってきている。

十年前にあったものが見あたらない。それは酢漬けニシンを挟んだパンだ。なつかしいので探してみたが、ついに見つけることはできなかった。しかし、もう一つのピクルス売りは、前と同じ所で同じ樽《たる》のなかに入ったピクルスを売っていた。売っている人も、ちょっと白髪混りになっていたが、同じ人だった。

ピクルスを買うと白い紙に包み、そいつをオヤツのように齧《かじ》りながら市場を歩いて回るのだが、その酸っぱいこと。単独でピクルスだけを食べるにしては、ちと酸味が強い。だが、ドイツの子どもたちは平気で、齧っていた。ぼくなんか見ているだけでも歯が、キンキンしてくるほどだ。それをまるでお菓子のように食べている。

まだ、十時ちょっと過ぎなのに、ウナギの叩き売りの前で大合唱が始り、ダンケシエン、ダンケシエンといいながら感謝の気持ちと、別れの哀感をあらわしている。先ほどまでの猥雑《わいざつ》な雰囲気と、あまりにも違う。ちょっとばかり、変な気持ちがする。ドイツ人は、案外、センチメンタルな人種かもしれない。ウナギが、また、ぼくの前に飛んできた。売れ残ったウナギやサバやニシンの燻製を客の頭のうえの空たかく撒《ま》いている。

こんどはうまくキャッチできた。キュッと握りしめたときにウナギのプーンとするニオイが強く鼻をついた。近くのおやじが新聞紙をくれて、包めという。ウナギを包みそれをぶら下げてその場を離れた。

鰻の叩き売りをしているところから人々が、いなくなった。

朝の七時からこの市場にいた。十時ぐらいになるとさすがに腹がすいてきた。ピクルスを買い、このウナギを食べようと思った。だが、やはりパンがほしい。それも黒いパンがいい。ライ麦入りのパンパニッケルが、この濃厚な燻製のウナギにあう。白いパンでは燻製ウナギの濃厚さに負ける。強弱というのが味覚の上ではリズムが合うのだが、ヘビー級のボクサーの攻防のように強打には強打でうって出るほうがいい。

市場にもパンを売っている。薄切りの黒パンを手に入れ、ビールを飲ませるビヤホールを探した。ドイツでビヤホールを探すぐらいは、イタリアでバールを探すようにいとも簡単だ。

ちょっとした広場のようなところにテーブルがずらりと並び、人々はそこでビールを飲んでいる。その広場の一角にビヤホールがある。ぼくはあいているところに座り、ビールとサクランボのキリュシュを注文した。ぼくは新聞紙に包んだ燻製ウナギを取りだし、旅をしている時にいつも持っている小型のナイフを取りだし、10センチぐらいの長さにブツブツと切り、そいつを齧った。強い燻製の匂《にお》いとウナギの濃厚な脂肪が口中に広がる。黒いパンを食べた。ちょっと酸味のあるパンとライ麦の強い香とじつによく合う。

ビールとキリュシュを持ってきたおばさんが、バターはいるのかという。ぼくはその言葉におどろいた。持ち込んだ食べ物を食べてはいけないと、瞬間咎《とが》められたのかとおもったのだが、意外な言葉だった。

「幸福なる一瞬」であろう。日常でささやかな幸福を見つけるのはむつかしいものだ。しかし一杯のビールが叶えてくれる。

ぼくは咎められない上に、バターはいかがといわれたのだ。ここでも簡単なソーセイジをゆでたもの、アイシュバインなども客は食べている。当然、パンがつくからバターもある。

茶色いバターいれに黄色いバターが詰まっている。おまけにナイフとフォークまで持ってきてくれた。

バターを塗るとまた、ウナギの脂肪とバターと黒いパンが口に渾然《こんぜん》と混ざり合いうまい。

日本などでは「持ち込みの食べ物はご遠慮ください」などと、貼紙《はりがみ》があったり、咎められたりするのに、ドイツ人の気持ちのおおらかさにうれしくなった。

二切れも食べると口の中が脂《あぶら》ぎった。白

とにかく外がいい。夏には太陽光線をたっぷり浴びておこう。ビヤホールも外に出る。

い紙に包んだピクルスに嚙《か》みつく。そしてビール（ほんらいはシュナップスのほうが合うのだが……）を飲んだ。とにかく普段、日本で食べられているウナギよりも太く長い。さすがに三切れも食べるともういいとおもった。

ぼくは頭と骨と、一切れほど残した。

一度、十年前、ウナギの燻製はデュッセルドルフで食べている。その店では、ウナギが長くて丸いからナイフとフォークでというのはちと面倒で、手摑《づか》みでやる。摑んだ指は、後で、水ぐらいじゃ、ニオイなど落ちてはくれない。どうして強いニオイを消すかといえば、かならず燻製ウナギを食べた後は、シュナップスを手にそそいでくれた。それでニオイと脂を消すのである。

強い蒸留酒で脂のニオイや脂っぽさを消すのだ。今回はキリュシュをふりかけて、指先を擦《こす》った。かすかに残ったが、さきほどまでの強烈さは消えていた。

木洩《こも》れ日の下のオープンサンド

デンマーク＊自然公園　（1989年）

ぼくらは、その公園から三十分程はなれたところのホテルに泊まり、朝早くからその公園で撮影することになっていた。

朝靄《もや》の中でカレンダーの撮影をした。だが、ホテルに朝食をとりに帰るのも面倒だった。

朝早くから一仕事終え、喉《のど》も渇いている。コーヒーでも公園の中にあるレストランで飲めないものかと思った。

コーディネーターのデンマーク人が、レストランへ行き、見てくると言った。戻ってくると、もうすこしでコーヒーぐらいなら飲めるといった。とりあえず機材を担《かつ》いでそのレストランへ行った。

まだ、外のテーブルの準備もできていない。女の人がテーブルを出したりしている。

公園の中が、赤頭巾ちゃんの世界のようにメルヘンチックだ。藁葺きの屋根、白い壁。ここがレストランだ。

ぼくらは一刻も早くとおもいテーブルや椅《い》子《す》をならべるのを手伝う。店の中ではコーヒーを沸かす機械にスイッチもいれ、コーヒーが飲めそうだ。外に出したテーブルに腰をおろしコーヒーがくるのを待つことにした。

散歩をしている人たちやジョギングをたのしんでいる人たちがいる。まだ客も乗っていない馬車がのんびりとした蹄《ひづめ》の音を響かせ通り過ぎる。

コーヒーがくる前にビールならすぐにでも飲めるといった。ビールをたのんだ。ビールを飲みおえたころに、コーヒーがきて、他の三人は、コーヒーを飲んだ。ビールを飲んでしまうと、空腹はつのるばかりだ。

メニューを見るとスメァブレーツ、いわ

準備ができるまで、ぼくらはビールを飲みながらメニューを見る。さて、何を食べようかと。

カラフルなスメァブレーツ。赤と白のチェックのクロスの上におかれた。

漆くいの白い壁に朝の光りが、柔らかくさしてきた。客がくるころには、この赤いパラソルが開く。

ゆるオープンサンドイッチというものがある。まさか準備はできていないだろうが、とりあえずオープンサンドイッチは食べられるかと聞くと、女の人は、今その準備をしているから少し待っていただければと言う。ホテルに帰ってというのもやはりなんとなく億劫《おっくう》だ。

少しといったが、一時間近く待って、オープンサンドイッチとサラダがきた。

木洩れ日の当たるテーブルで、美しいオープンサンドを食べるのは、なんといってもたのしい。

白い壁の田舎風のレストランの前、赤い傘を広げたところに並べられたテーブルは、夏とはいっても深い森の冷気と、清々《すがすが》しい空気が流れている。そこのオープンサンドは童話の国の食べ物といった趣がある。その公園を巡るねむけを誘うような馬車の蹄の音とともに忘れられない食べ物になった。

仕事の後の充実感もあり、空腹も手伝い、みんなも満足しているようだった。

その公園は、コペンハーゲンから電車で一時間ほどだったとおもうのだが、広大な自然公園である。バッケンという名前だった。

デンマークではオープンサンドイッチといっても通じるけれど、デンマーク人はスメァブレーツと言う。スメァブレーツとは「バターを塗ったパン」という意味であると、コーディネーターが解説した。もともと、ごく単純にパンのうえにハムとか野菜をのせて食べていたのだろう。しかし、それだけではものたりないと誰もが感じる。さまざまな工夫が施され、現在のような華麗なスメァブレーツになったようだ。食材の変化と豊富さのおかげで、贅沢《ぜいたく》さがパンのうえを支配していったのである。

ぼくが知るかぎりでは、二百種類になろうというのもあった。その前に立つとまるで玩具《おもちゃ》屋に足をふみ入れた子供のような気分になる。どれを選んでいいのか、5メートルにもなんなんとするテーブルの前で、どうしたものかと迷ったことがある。

デンマークではオープンサンドイッチは、昼食に食べるということになっているが、もちろん、夜のパーティにだって出して悪いはずはない。簡単なものは朝食にもいい。

食事としてのボリュームだって充分である。主食と副食が一緒になっているから手軽である。栄養的にも充分であろう。見ためにもうつくしいし、ビールやワインやそのほかのアルコールともよく合う。肩を張らないパーティならオープンサンドイッチで充分だろう。なんといっても華やかな雰囲気を演出してくれるし、テーブルのうえに無限の色彩を撒《ま》き散らしてくれる。それに作る人が、イマジネイションを自由に飛翔《ひしょう》させ、一つ一つ作っていけるのだから、こんなたのしい食べ物は、ほかにはあるまい。

そんな無限な創造を可能にしてくれるオープンサンドは、現代のテーブルにもっとも合うといっていいだろう。

オープンサンドイッチの作り方は、さほど難しくない。何が必要で必ず揃《そろ》えておかなくてはならないというものは、まったくない。パンとバター、それに冷蔵庫のなかにあるすべての物を取り出しパンにのせればいいだけである。

デンマークの人々は、昨夜の残りものをパンにのせればいいという。昨夜に焼いたロースト・ポークの残りものでもいい。その他にも、冷蔵庫のなかには鰊《にしん》の酢漬け、ハム、さまざまな野菜、卵、ソーセイジ、エビ、スモークサーモン、キャビア、オイルサーデーン、ベーコン、チーズ、牛肉、それに果物。とにかくオープンサンドを作るのにはどんな制約もない。ただ、二種類のパンを用意する（あるいは一種類のパン

レストランの前からこの森に通じている。森を抜けてきた馬車がやってくる。観光用ではなく農家の馬車だ。

でもいい)、理想的には酸味のある黒パンと白くしまった白パンがいい。黒パンはハムや肉製品をのせるといいだろうし、白いパンはロブスターやスモークサーモンをのせるといいとされている。それはワインの選択に似ている。白ワインに合うものは白いパンを使い、黒いパンは赤ワインを飲むのにふさわしいものをのせるというのであるが、人それぞれの好みで厳密であることはない。

スメァブレーツは間違いなく、デンマークで作られたといっていいだろうが、どうして作られたとか、その歴史的背景は、ほとんどの庶民の料理のように定かでない。

パンを皿のようにして使っていたことから、おもいついたという説もある。

バターはかならず一枚のパンに5グラムは塗ること。パンのうえにのせた材料の湿気がパンに移らないようにするためである。レバーペーストやアンチョビペーストとか、さまざまな他のペーストを使うのもおもしろいだろう。

八月十二日の朝食

スコットランド＊古いホテル　（1980年）

古い。とにかく古い。古いということが、これ程まで気持ちいいものだとは……。二百年も前に郵便馬車の旅籠《はたご》としてはじめたホテルだという。二百年前といえば江戸の天明期……。

ただ、古いにまかせているだけではない。崩れ、綻《ほころ》びたところは執拗《しつよう》なまでに繕い、その繕われた箇所さえ見えぬように、後生大事に使っているのである。

重厚な扉に塗られたニスの鈍い光と磨き込まれた真鍮《しんちゆう》の取っ手と鍵《かぎ》穴。板を張り巡らされた廊下。黒光りし交差する無骨な梁《はり》。高い天井からぶら下がっているシャンデリア。高い窓からは鈍い光が差し込みはするが、いちように廊下は薄暗い。

あてがわれた部屋も今まで宿泊したホテルと、たたずまいというか、趣が違う。近代的なホテルのコンパクトでただ睡眠が取れればいいというのとはまるっきり違う。

そろそろ夕食の時間の七時だというのに、真昼のように明るい。スコットランドは、北緯56度くらいだ。こう明るいと食事をする気になれないというのは口実で、とりあえず夕食前にバーへ行こうということになった。

入っていくと正面に暖炉があり太い三、四本の短い薪《まき》がゆっくりと燃えている。バーも、これが男の寛《くつろ》ぎの場所を提供しようという大人の雰囲気だ。木の匂《にお》いがする。部屋や廊下もスチームが通って暖かいが、このバーは、暖炉の火のやわらかな光とほのかな暖かさがあった。すでにカウンターに肘《ひじ》を突きビールやウィスキーを飲んでいる男たちがいた。ウィスキーは当然地元のスコッチだ。

ビールには、スタウトという強いものがある。ポーターという黒いビール。ビターという苦みのあるビール。マイルドという苦みのないビールと四つぐらいに分けられる。スタウトを頼んだ。1パイントのグラスに注ぎ、それを飲んだ。後は、当然、琥《こ》珀《はく》色のスコッチにかえた。

つぎの日の朝、いささか頭が痛い。前の晩は夕食の後、また、バーに戻り、スコッチを飲んだ。あれがいい、これがいいと、この地方のスコッチを散々飲んだ。

スコッチはスコットランド南東部の低地地方のグレイン・ウィスキーと、北西部の高地地方のモルト・ウィスキーを混ぜ合わせて作り出したのである。ビールと同じよ

スコットランドの田舎を通った。どうやら豪農の家らしい。なんという美しい土地と家だろう。

うにこれもまた、それぞれに違い、個性がある。

この村の近郊にもいくつかの蒸留所があり、それぞれの個性的なスコッチを作っているという。そうだろう。グラスに注がれたそれぞれのスコッチがまた個性的なのだ。「それは名前ばかりで、いまひとつだ」「こちらのほうがいい」「おれが飲んでいるほうがうまい」

すっかり酔ってしまったらしい。ベッドに倒れこんだのは十二時ぐらいだった。まだ空は青みが残り、白夜だ。

とにかく、次の日の朝、朝食を食べるために食堂に行った。食堂にも昨夜のように暖炉に薪が燃えている。窓際に座った。青い空とヒースの丘が見える。丘の斜面に白い点が散らばっている。羊の群れだろう。

ヒューヒューと風が吹いている。近くの丈の低い灌木《かんぼく》の枝や、灌木の下の草も小刻みに震えている。八月だというのに暖炉に火をいれなければ寒い。しかし、朝から風《ふ》呂《ろ》に入り体を暖かくし、汗をかいて二日酔いを治そうとしたが、ちょっとやそっとでは、治りそうにはない。ビターとトマトジュースもたのんだ。これは二日酔いの妙薬である。トマトジュースとビターを半々にして飲むのである。そいつを飲むといくぶんは楽になった。

さて、何を朝食に食べようかとおもった。こんな時は粥《かゆ》がいい。粥などあるはずもないが、ポーリッジがある。それとスクランブルエッグをたのんだ。

ポーリッジは、オートミールを水で煮た粥のようなものだ。まあ、トロトロとしていて胃にはやさしい。それとスクランブルエッグも、また、ドロドロしていて消化がいいようにおもう。ヨーロッパなど長期の旅になると、後半はポーリッジにすることが多くなる。

ポーリッジがやや深めの皿に盛られて出てくる。そこへ牛乳を注ぐ。砂糖やシロップをかける人もいるが、さすがにぼくの味覚範囲にはない。塩をかけるのが常だ。

目の前に紅茶が運ばれてきた。なにはともあれ、紅茶なのだ。夏なのに、いれた紅茶が冷えないようにウォーマーがすっぽりかぶせてある。子犬の絵柄のウォーマーを外すと、水面からライズし暴れている鱒《ます》が描かれた瀬戸物の大型ポットであった。その絵を見て、昨夜、バーであった警官が、このホテルのすぐ近くの川でも鱒は釣れると言っていたことを思い出した。今夜、フライに連れて行っていいとも言っていたっけ。まだ、当時は、ぼくはフライの経験はなかった。フライフィッシングの釣り竿《ざお》の一式の道具は貸してくれるというのだ。

朝食後、村の小学校へ行き生徒を連れ出し写真を撮った。

風を避けるようなものはなにもない。ヒースの丘を吹きわたる風にかすかな草の匂いが含まれている。しかし、太陽が白い雲に遮られると、突然、震えるほど冷たくなる。しかし、子供たちはこんな気候にもなれているのか平気だ。半袖《そで》では寒かろうとおもうのだが……。

皆とゾロゾロと歩いていると、ヒースを流れる幅3メートルもない小川にぶつかった。石を積み上げたような灰色の石の橋があった。その橋を渡り、さらに丘の上に上がって行くと、ひとっ跳びで越えられそうな狭い川になる。その川沿いを歩くと、

「トラウト」と子供たちが声を上げた。

それにしても、なんというきれいな小川だろう。太陽が輝き川面は銀の板を削った

オート麦を潰したものをやわらかく煮たポーリッジである。牛乳を注ぎ、砂糖をかけて食べる。

ように光っている。ちょっと川底は見づらいが、そこを黒い影が走る。注意していると、子供が言うように人影に驚き、鱒があわてふためき動いている。

二時間ほど子供をいろいろなところで撮影してホテルに戻った。

昼飯前にまたバーでビールを飲みスコッチをひっかけ、レストランで羊を焼いたやつを食った。昨夜からの飲み過ぎとヒースの丘を数時間歩き、撮影したので、さすがに疲れた。

ベッドでひと眠りした。目が覚めた後は、夕暮れまでベッドのうえで持参した文庫本を読んでいた。

またバーへおりていった。警官のおやじが夕方にバーにきて釣りに連れて行ってく

何百年もこの道を馬車や人が通ったのだろう。おもわず撫ぜていた。石とはおもえない。人肌のようなやわらかさを感じた。

れるのだ。時間は決めていないが、とりあえずバーへいってみよう。

仕事仲間のディレクターTもすでにバーのカウンターでグラスを傾けていた。

しばらく飲んでいたら警官のおやじが冬にでも着るようなセーターを着て入ってきた。そしていつもの仲間が一人二人と入ってくる。

いつもとなりに立っている男は同級生で、一山越えたところで羊や牛を飼っているといった。名前はカノン・オコンネルといった。警官のおやじと二人でぼくらの鱒釣りのガイドをしてやるといった。ここでも鱒釣りはライセンスが当然いる。そのライセンスをこれからもらいに行くといって出ていった。その間に夕飯とおもったけれど、昼に羊のローストをたっぷり食い、しかも、ベッドのうえでのんびりしていたのだから、腹はすかない。また飲んだ。それにしてもカノンは遅い。しかし、さすがに警官はライセンスがないとなァと言う。それにしても遅い、あいつはもう一軒のバーで飲んだくれているのだと言った。

「あいつを昔、監獄にぶちこんでやったことがあるんだ。とにかくスコッチを飲み、車で帰るんだ。猛スピードでな」と言った。

「ある日、あいつが出ていく車の音を聞いて、スコッチを飲み、三十分ぐらい経《た》って、追っかけるとあいつの車がいた。あいつをスピード違反で逮捕したよ」と言った。そんな話をしているとカノンが戻ってきた。ライセンスを発行している役所の親父《おやじ》がいないのでバーを探し回って遅くなったと言った。

もう十一時に近い。だが、空はさほど暗いというわけではないが、まさかこれから釣りに行くわけでもないとおもっていたら、これから行こうと言う。さきほどたのんだ三人分のサンドイッチがきた。それを食べず、ワックスペーパーに包んでもらいスコッチを一本握り、釣り場に向かった。なだらかな丘を越えていくとさほど広くないというよりも狭い川で、こんなところに大きな鱒がいるのだろうかとおもった。

ぼくは日本の冬に着ようとおもい買ってあったセーターを着込んでいるが、出ている手や顔は冷たい。釣りの用意は彼らがやってくれる。何にも知らないのだから、いい気なものだ。とにかくはじめて見る竿とフライを言われたように振るのだが、そんなにうまく川の中に飛ぶわけではない。二人は川の中に入りゆっくりとしかし確実にポイントに投げ入れている。まもなくカノンが30センチぐらいのトラウトを釣り上げた。それをすぐにリリースしてやる。そしてTさんが同じような大きさのトラウトを釣り上げた。それは明日の朝にバター焼きにでもしてもらうことにしてキープ。かれらはおもしろいように釣る。まだ明るいとはいえよく魚はフライが飛んでいるのが見えると不思議な気がする。十二時ぐらいには少し暗くなった。ぼくも30センチぐらいのトラウトを釣った。じつに太っている。それもキープにした。それにしても腹がへった。サンドイッチを取りだし釣りながら齧《かじ》った。マスタードがツーンとくるようなサンドイッチをぶるぶる震えながら食った。そしてビンの口をくわえスコッチを飲んだ。二時間ほど釣りをしていたがたえられない寒さになった。スコッチも四人で飲み干した。さあ、もっと飲もうと、まだうっすらと明るいヒースの丘をおりていった。

次の日の朝、厨房《ちゅうぼう》へいき、二尾のトラウトを調理してくれるように頼んだ。一晩中、窓の外に出しておいたトラウトはつめたく硬直していた。

客は、ぼくらだけしかいない。しばらくすると立派な銀盆にのった二尾のトラウトがやってきた。ウェイターはテーブルのそばで、頭と中骨をスプーンとフォークで外し小骨まで取り、白い皿にのせてくれた。おまけに皮もすっかり剝《は》がしてあって、まったくの身だけになっている。見慣れている鱒の白い肉質でなくやや赤い。食べる餌《えさ》が違うのだろうか。カニやエビ、川虫などを食うと身が赤くなると聞いたことがある。

やや赤みを帯びた身に、ハーブ入りの焦《こ》がしバターをかけてくれた。そして櫛形《くしがた》に切ったレモンが添えられた。これだけ丁寧に面倒を見てくれるのはありがたいが、ドーバーソールを食べた時もいわゆるエンガワや、内臓、頭などしゃぶりたいのだが、あっという間にもっていかれた。これがヨーロッパ式なのだから、仕方がない。

レモンをかける。朝から贅沢《ぜいたく》なものだ。自分で釣った鱒を口にするなんて……。充分に脂《あぶら》が乗り、うまい。

「白ワインを……」と言うと、Tさんも、もちろんもらいましょうよと言う。撮影はあるが、午後からだ。

ウェイターに白ワインを頼むと、ウィンクをし、そいつを忘れていたというような仕種《しぐさ》をした。

オーストリアの白ワインだった。すっきりしたワインだった。冷たいワインを口に含み、トラウトを口にした。トラウトの脂と白ワインのすっきりした甘さと酸味がほどよい。

グラスの中の透明な液体に、窓から差し込んでくる光があたった。

雲がヒースの丘の上をはげしく流れていた。

一口で軽い酔いがきた。

ひさしぶりに三十年前の八月十一日と十二日のメモ程度の日記を読み返して、書いたものだ。

大英帝国の輝かしい朝食

イギリス＊田舎のホテル他（1990年）

朝食を食べぬような男とは結婚するなと、イギリス人はいう。なるほどと一般論としてもその言葉を肯定するのだが、すべてではないはずだ。至言などは性急であるのが常であろう。それに、いささか大袈裟《おおげさ》ではないか。しかし、イギリスを何度も旅して、朝食に出あうたびにイギリスではさもありなん、なるほどと頷《うなず》いてしまう。たとえば、こんなことがあった。

ベーコンの薄切りのジューージューーと焼ける音がして、やがて、匂《にお》いが寝ているベッドまで流れてきたときおもわずソワソワとベッドからはいだしてしまったことがある。スコットランドへの旅行中、イギリスの田舎の Bed & Breakfast と書かれていた家に泊まったおりの経験である。

もう一つイギリスの朝食について、かの有名な作家のサマーセット・モームは、イ

イギリスの観光用のハガキには必ず出てくる建物だ。観光用とは違う角度で撮影した。何とも風格がある。

ギリスでうまいものを食べようとおもったら朝食を一日に三度しろと書いている。これは、朝食がいかに充実して、またうまいものが食卓にのっているかということの証拠になる。だが、ぼくのような皮肉に物を見る者には、他の昼夜に出される食事がたいしたことではないという裏がえしの言葉ともうけとってしまうのだ。たしかに、ヨークシャーハムやローストビーフなどは何度食べても飽きないし、うまいと感じるのだが、その他のものはまあまあというところだろう。フランスのようにおもわず舌なめずりをしてしまうような料理は少ない。こちらの体が健康で食欲が旺盛《おうせい》なときにはイギリスの料理もわるくはないが……。特に家庭料理は。

朝からローストビーフである。本格的なものではない。ヨークシャープディングもない。ホテルで食った。

イギリス全体がなんとなく男っぽい雰囲気であるように料理もどことなく男中心の線の太い料理といっていいだろう。

フランス料理の繊細で眩惑《げんわく》的な料理と、イギリスの線の太い直截《ちょくせつ》で厳格な料理との違いにおどろかされる。なぜ、こんなにも違うのか。どう推論してもその原因が分からない。おたがいに影響しあうはずの地理的距離であり、人と人の交流もあったはずだ。だが、まるで、背を向け、交流のない冷たくなった夫婦のように、無視し続けている。とにかくどういうわけかイギリス人はレストランへ行って食事をしようという習慣は昔からあまりないようだ。自分の家で、金持ちは召使などに料理をつくらせる。それに比べてフランス人のレストラン好き

カリカリと焼いたトースト。ここまで焼くのが本格的なのだろう。日本のトーストは厚すぎ、ふわふわやわらかすぎる。

は、好色な兎《うさぎ》のようだ。そのフランス人のレストラン好きは別にしても、朝の食事の大きな違いはなんとしたことだろう。

フランスならベッドのなかで、カフェオレにクロワッサンをベチャベチャひたして食べる。これもなかなか怠惰な気分でよろしいが……。じつにあっけない。簡単なものだ。しかも、食べ物が違うというだけでなく朝食に向う姿勢が違う。イギリスでは、まず、ベッドで食事など、(女ならたまにはいるかもしれないが）男は、そんなことはしない。ネクタイをしめ、正装とまでいかなくとも、きちんとした服装にきがえるだろう。まず、新聞（ロンドン・タイムス）でも読みながら、紅茶を飲み、食事を待つ。そんな姿を想像してしまう。あくまでスクエアーである。大人でなくとも寄宿舎生活での悲惨なとまでいわれる食事（とにかくまずいというかまずかったらしい）を食べるときにも、朝からでも子供ながらにブレザーにネクタイ着用というのが当たり前だと聞く。食べ物は二の次、あくまでマナーなのだ。

あのうまいベーコンエッグにカリカリのトースト（トーストもあまり厚くてはいけない。それも前の日に買っておいたやつでなくては）にバターと甘ずっぱいマーマレード。もちろんイギリスの朝食時は、ぼくも背広に清潔なワイシャツ、ネクタイというスタイルである。トーストとベーコンエッグだけではない。イギリスはこんな程度の朝食ではない。ステーキがでたり、キッパー（スモークしたニシン）、キドニーのシチュー、ブラックソーセイジ、コールドミート、ポーリッジ、数種類の卵料理が今でもホテルでは出てくるところがある。その料理の数が二十種類以上はあるはずだ。

それに朝からでも伝統的にビールを飲んでもよいとされている。朝からビールを飲むという習慣は、エリザベス一世のころからであったらしい。食堂には自分用の銀の大きなカップがあり、それにボーイがなみなみと注いでまわったのだ。なんと気分のいい朝のはじまりだろう。だが、そんな食事ができたのは金持ちだけで、産業革命のころの庶民の人たちは、豪華な食事はできなかったろう。それでもキドニーのシチュ

キッパーはスモークしたニシン。朝からこれと、紅茶とトーストをとった。どうも朝食には、とおもえたが……。

ーやキッパーやベーコンが並び、それに農家でも、まずは、ビールであったといわれている。ついでに、ベーコンエッグに使うベーコンをつくったのは、イギリス人だと彼らは鼻を高くしていたことをつけくわえておく。

そんな金持ちたちの朝食の名残りが今でも一流のホテルで味わうことができる。

一九九九年一月一日のロンドンでの朝食

イギリス＊ビクトリア駅（1999年）

一年のはじめての朝は、嘘《うそ》のような静けさだ。七時になっても外は暗い。テレビをつけると、世界中の一九九八年から九九年へ移行の瞬間のレポートが、写しだされている。ニューヨークの12番街の紙吹雪、ロンドンのバッキンガムの花火、日本の浅草で神社で手を合わせている日本髪の女の人と人の波。ベルギーのブリュッセルからの九九年へのカウントダウンと、九九年へ移行した瞬間には、EURとラベリングされた大きなシャンパンの瓶の蓋《ふた》がとび、白い泡があふれでてきた。それをグラスに注ぎ、タキシードを着たヨーロッパ各国の閣僚たちや経済人たちの笑顔が大写しになる。いよいよヨーロッパが一つになるという歓喜。

ぼくは、ビクトリア駅からさほど遠くないホテルのベッドの中にいた。ベッドの中はあったかい。厚いカーテンを捲《まく》り、外を見ても朝の気配が感じられない。ロンドンの冬の憂鬱《ゆううつ》な朝だ。

さて、朝食はどうしよう。この近くに、ロンドンについた日の朝に食べたカラブリアというバーがある。バーといってもレストランのようなところだ。名前が示すように南イタリアの人がやっているところだ。

出かけて見ると、閉まっている。そういえばどの店もほとんど開いていない。年明けの一日だけ、官庁も店も会社も休むのはイタリアに住んでいた時もおなじだった。

そうだ。駅なら開いていよう。

ビクトリア駅は、二十年前にきた時のあのおなじ駅なのだろうかと目を見張った。すっかり改装され明るくなり、さまざまなブースがある。チョコレート、クッキー、キャンデー、サンドイッチ、スープ、パン、ケーキ、花、新聞などを売っている。SW. Smithという二階建の本屋も構内にある。正月だというのに人通りも多い。マクドナルドやイギリスのいろいろなチェーン店も開店している。

レストランを選ぶ前に、本屋へ入ってみようとおもった。店の中は広く、整然と並べられた本をゆっくりとながめた。ふと目にとまった表紙があった。セピア色の写真を使ってある。手にとると、それは戦場で書かれた日記や送られた手紙を集めたものだった。『War Diary Letter』とある。その本を買い店を出た。

正月でも、どこかへ出掛けようとしているバックパカーたちが、何人もいる。日本人の若い男の子、女の子も時刻表など眺めていたり、ロンドン特集などの雑誌を手に読み耽《ふけ》っている。

構内にあるレストランの一つに入った。イングリシュ・フル・ブレックファストがある。しかし、赤外線のランプの灯ったケースの中にある調理済みのベーコン、ソーセイジを見たら、どうも食べる気がしなくなった。ベーコンは、汚れたリボンのようだし、山盛りに重なったソーセイジも、小動物の逸物《いちもつ》のようで萎《しな》びていささかなさけない。レジのラインのところにも食べ物がある。そちらの方がましだ。

プレートを取り、セルフサービスのラインに並んだ。旅にでる前に腹拵《ごしら》えという人もいるが、普段着のまま新聞を小脇《わき》に抱えた人、ペンキや油染《じ》みのついた作業服の二人は、元日でも構内か近所で働いている人たちだろう。杖《つえ》をついた老人。若い女の子。そして、ぼくがその後に並んだ。

さて、何を食べようかとおもうのだが、考えがまとまらない。ぼくの番がくるまでにと焦《あせ》る。いつもならさっと決めるほうだが、腹は減っているのに何を食べたいか分からない。どうもピンとこないのだ。とりあえず、白いカップと、白いプラスチックのフォークとナイフ、そしてスプーン、四つに折った白いナプキンを二枚、Natural sugarと印刷された小さな砂糖の袋、ミルクの入った小さなカップをのせた。そして、ぼくは移動していった。まだ、気持ちがきまらない。店員が、ぼくの顔を見ている。ちょっと間があったが、サンドイッチにしようとおもい、サンドイッチとオレンジジュース、コーヒーを頼んだ。店員は手を伸ばし透明なプラスチックにパッキングされたサンドイッチを手にしプレートにのせ、小さな不透明なプラスチックの瓶に入ったオレンジジュースをおいた。

ピカピカのコーヒー・メイカーのノズルの下へカップをおくと、ノズルから茶色の液体が落ちてきた。縁までたっぷり入ったカップを白いソーサーの上にのせた。ポケットにたまっている小銭を取りだし、手にのせ50ペンス、20ペンス、1ペニーなどで、何度も数え、合計5ポンドと小銭を渡した。その時だ。小銭が一つ、チャリンと鳴って、50ペンス硬貨が目の前に転がっていた。計算違いなのだろうか。イギリスの硬貨はわずらわしいとおもいながら、こちらが間違えたのだろうからもう一度数えてみようとおもって手を伸ばした。女の子は馬鹿《ばか》にしたような声で、50ペンスを指さし、この50ペンスは今は使えないといった。どうして使えない銭が手元にあったのだろう。この小銭は釣り銭としてイギリス人からもらったものだゾ。ムカッときた。慌《あわ》ててポケットの中の新しい50ペンスを探し渡した。その小銭が使えないというより、慌てて小銭を探した自分に、腹が立ってきた。すぐさま、「この小銭は昨夜、食事をしたレストランで金を払った時に釣り銭としてもらったものだ。なぜ使えないような小銭を事情も知らないものに、ババ抜きのババのようにまぎれこませて渡したのか」と流《りゅう》暢《ちょう》な英語で反論できなかったのかと腹立たしい。こんな時は間髪を入れず速射砲のように言葉を飛ばさなくては効果がない。すごすごといいなりに反応してしまった。

腹が立っていても、とりあえずコーヒーがこぼれないように注意をしながら、空いたテーブルをさがした。かなり奥まったところに席が一つ空いている。そこへ座り、帽子を脱ぎ、コーヒーを飲んだ。ソーサーに少しコーヒーがこぼれている。なんとなく気になりナプキンで拭《ふ》いた。白いナプキンに茶色い染《し》みが広がった。それを丸めテーブルの隅においた。コーヒーを一口飲んだら気分がおさまった。そして、先程買った本を開いた。

正月やクリスマスに戦場でつかの間の時間をさき、妻娘母親、隣人に書き送った手紙の文章がある。その手紙が、とどくかとどかないうちに命を落としていった男たちの文字が綴《つづ》られている。悲惨な話だ。それを読みながらサンドイッチを齧《かじ》った。冷たく薄いハムを挟んだだけのサンドイッチはほとんど味がしない。清潔だが、まずい。オレンジジュースの甘ずっぱい液体がなにも入っていない胃に落ちていく。本の活字から目を放すと、ぼくの視線の先に席の前方で頭を壁にぶつけ、そのままずり落ちたようにクリーム色の壁にもたれかけねむっている黒人がいる。灰色の分厚い、ダブダブのコートの前がはだけている。男の前にはコーヒーカップだけが、ポツンとおいてある。

男のすぐ前の席に六十歳ぐらいの女の人が、同じように白いカップを前に肘《ひじ》をつき、アメリカのスーパーリアリズムの彫刻家ドゥエイン・ハンスンの像のように、入り口のほうを向いている。しかし、入って来る人を眺めてはいない。目も動かない。

ぼくはまかり間違えば、今でも寒々しい元旦《がんたん》を一人でおくっていてもおかしくないとおもう。どこかで人生は狂うものだ。まっとうな人生を送ることが、むしろ奇跡に近い。あの日のことがおもいだされた。暗澹《あんたん》たる気持ちで、未来に希望もなにもないままだった。それとは状況も変わっているが一人だけの正月にはちがいない。何度かそんな危機があった。自由業という宿命かもしれない。しかし、何度かのまぐれでどうにか凌《しの》いできた。

もっとも悲惨なのは、時代の流れの中でどうあがいてみてもそこから逃れられないことだ。目の前に開かれた本にあるように戦場にかりだされ、過酷な状況に身を置かなくてはならないことだっておこる。自分の怠惰で不運に見まわれたのではない。こ

一人での食事は辛いものだ。本でも読みながらとおもって選んだ本がまずかった。なんともさみしい朝食になった。

の本にさっと目を通しただけだが、読んでいて胸が詰まる。正月にこんな本を読んだことを後悔した。しかし、こんなことでもないとぬくぬくとした正月を送り炬燵《こたつ》にでも入り酒を飲み、どうでもいいような時を過ごしていたろう。いやこの数年、そんな状態が漠然と嫌で逃げてきたのかもしれない。だからこの数年は雑煮を食っていない。まあそれもよしとしたい。

黒人も女の人も先ほどのままの姿勢で、目の前にいる。

ぼくはコップの中にのこっていた冷たいコーヒーを飲んで立ち上がった。

プレートのうえには空になった透明なプラスチックの箱と、白い不透明な瓶、空になったコーヒーカップがあった。

コンボーイが駐車しているところ

カナダ＊一号線（1981年）

バンクーバからモンゴメリの小説の主人公の少女アンの住んでいたプリンスエドワードまで、車で行こうということになった。

一号線を走った。しばらくすると、家もまばらになり、直線の道になり、すれ違う車の台数も少なくなった。風景は雄大だし、ノンビリしたものだと、はじめのうちはフォードのゆったりとした船のような揺れに身をまかせていた。しかし、走行したコースをたどり、地図の上に引いたマジックの赤い線は、なかなか伸びない。夜遅くまで走る。夏に近いせいか、フロントガラスは、ブチブチとぶつかってくる虫でたちまちゼラチンを塗ったようになる。エンジンは虫が付着し焼ける。それでも走った。

もっと困ったのは、食事だった。食事の時間になっても、街の中か、街の近くにでもいればいいが、どうも計算通りにいかない。次の街まで数百キロなんてことはざら

コンボーイが並んでいるレストランがうまい。しかし、テーブルの上の塩、コショウはなくてはならない。

だった。だからといって、食べ物の材料を積み込んで、アウトドアー・クッキングなどをしている時間はない。飛行機で点と点を結んだほうがはるかに効率がよかった。だが、それでは途中でいいところがあっても、そこで撮影するなんてことはできない。ロケ場所を探しながらの移動だった。やはり、そうなれば車だ。

ときおりホテルで朝など食べないで出発をするなんてこともある。薄暗いうちに出て、早朝の風景の中で撮影したい。つい早い出発になってしまう。撮影を終え、つぎの街で食事。おかげで、うまい朝食を食べさせるレストランを見つけるコツが分かった。あのステンレスでできたピカピカの巨大なコンボーイが、停まっているところは、

これが一人前。何枚のパンケーキだろう。六枚もある。バターをたっぷり塗り、メープルシロップを存分にかけて……。

まずまずだ。何台かのコンボーイが並んでいるところへ、ぼくらも車を停める。コンボーイはどうしたわけかエンジンをつけっぱなしだ。静かで重いエンジン音がしている。

広い駐車場を横切りレストランへ入っていく。そして、朝食だ。ぼくらは窓際《ぎわ》の明るいところに陣取った。

当時は甘いものは積極的には好きではなかったのに、カナダではたいていパンケーキをたのんだ。疲労していたのだろう。それも五枚ぐらい重ねたとびきりのやつだ。そそばにカリカリのベーコンがたっぷり。そして、滝のように流れているブルーベリーのジャム。それにバターを塗る。それとカナダの楓《かえで》の樹液を濃縮した純粋無垢《むく》なメープルシロップ。それだけが楽しみだった。

コンボーイの運転手は、何杯ものコーヒーを飲みながらテーブルの前に座っていたっけ。仲間にちょっと手をあげるくらいで出ていった。

運転手の男は大きなコンボーイのところへ戻りドアーを開け乗り込む。ブル、ブルンーンと大きな音がして、車がゆっくりと走りはじめる。そして国道へ出ていった。

ぼくらは、つぎつぎとコンボーイが出ていくのを見ながらパンケーキをたいらげ、薄いコーヒーをかれらのように何杯も飲んだ。

数台のコンボーイが停まっているレストランの朝食はうまいということはカナダの一号線を走っていて分かった。

雨滴を浴びて

カナダ＊森の中で　（1984年）

夜のうちに雨が降ったらしい。

たった一軒しかないモーテルの前に広がる針葉樹林の遠い森の半分ほどが、濃い霧に包まれていた。じっと眺めていると、樹間を重い霧がゆっくりと動いている。

鱒《ます》釣りの道具を点検しながら、その広大な、雨滴をたっぷり含んでいる針葉樹林を想《おも》った。

何十万本の樹。一本の樹木から分岐した枝。枝の先の鋭い葉。その先端の数千万兆、数千万那由多《なゆた》の雨滴。キラリ。光る雨滴に飛びつく鱒の群れ。

樹林にわけいれば、まだ雨かもしれない。心はすでに森の中にあった。深く厚い樹林の中を流れる川に、竿《さお》を振っていた。しかしぼくは、まだモーテルの中にいる。冷えたトーストを一枚齧《かじ》った。あまり食欲がない。もう一杯熱いコーヒーを飲もう。朝早いとモーテルではちゃんとした朝食は準備してくれない。ジャムとバター、パンとポットに入ったコーヒーだけだ。それでもないよりはましだ。ポットから注ぎ香りの失《う》せたコーヒーを飲みながら今日一日の釣りを想った。はやる心をおさえるのも釣りの極意かも知れない。冷静かつ沈着。

Tがロッドのケースをかついでやってきた。

「昨夜の雨はそうとうだったね」

「まあ、だいじょうぶだろうよ」

「だけど水が濁らなければだけれどなァ」

「だいじょうぶさ」

ぼくは天井から床まである、白く塗られた柱のような、太い桟に囲まれたガラス窓越しの濃い森を眺めながらいった。しかしやはりTも川が濁ってはいまいかと、心の中では危惧《きぐ》しているようだ。もし山々の木が貧弱だとわずかな雨でも川は瞬時に水嵩《かさ》を増し、ひどく濁りはじめる。最近の日本では、こんな脆弱《ぜいじゃく》な川が多くなったといわれている。あっという間もない。

泥水のように川の水が濁るとまずい。しかし、カナダの川はそういうことはまずないだろう。

かすかに雨をふくんだ雲が蒼い山の峰を流れていく。もうすぐ晴れるだろう。鱒釣りに出かけよう。できれば大物を仕留めたい。心が躍る。

ぼくらはコップの底にわずかに残っているコーヒーを飲みほすと外に出た。

六月半ばだというのに、皮膚に感じる寒さは強い。昨夜の雨で、あれほど汚れていたフォードの屋根やバンパーが、磨いたように光っている。

カナダへ来て、レンタカーを借りてすでに4000キロは走っていよう。その間にバンパーやフロントガラスが星形につぶれた虫の漿液《しょうえき》や死骸《しがい》で、びっしりと埋まってしまっていたのだ。一時間も走るとゼラチンを張ったようになる。そうなるとウォッシャー液を流しワイパーを動かした。しかし、ピカピカ光っていたフォードも、森の中に入ったとたん、泥水をあびてしまった。できるだけ、森の中に入っていこうとしたのだが、近くだとおもっていても森の中の距離は遠い。多少の乗り心地を無視すれば、広くはないが、車が一台分ぐらいは通れる道は通じているものだ。これは森林警備隊が見張りのためにつけた道だ。道の通じているところまではとにかくフォードに乗って行った。三十分ほど乗っていたろうか。川の流れをみとめて車をおりた。ロッドにリールを装着し、ラインの先にハミルトン・キラーを付ける。これはニュージーランドへ行った時に買っておいたフライである。

ロトルアの川や湖では、鱒は飛びついてきたが……。果たしてこのカナダでは……という疑念がわく。できれば地元の釣具店かアングラー（釣人）から、フライを一つ見せてもらうか、教えを乞《こ》うのがいいのだが……。

モーテルにはあいにくアングラーも、釣りが好きだというやつもいなかった。こんなにいい川が目の前にあるのに。試行錯誤も一つの釣りだろう。

川はわずかに濁りが出てきてはいるのだろうが、このていどならさしつかえないだろう。

何度かロッドをふった。そのたびにハミルトン・キラーが、いつの間にか出た太陽の光を浴びて、小さな羽根を広げ軽やかに飛んだ、といいたいところだが、ぼくのへたなロッドさばきでは、交配を終えた昆虫のように、今にも川面《かわも》に落ちそうに左に飛

この膨大な森が豊かな水を溜めている。なんという透明な水だろう。この森の中を貫く川で鱒釣りをした。

んだり右に流れたりした。これじゃ水面下の鱒も飛びつきづらかろうと苦笑してしまう。

スコットランドの警官のアングラーも、ニュージーランドのプロガイドのジェフも、川の中でおもいどおりのポイントに百発百中落とせるには、少なくとも三年、人によっては十年はかかるといった。そうだろう。

対岸は水に浸蝕《しんしょく》され、土が削られ、木が五、六本、川の流れの上に大きく傾いていた。10メートルほどの川下には、水の中に突っ込んだ木が、川上から流れた流木と重なり、川の水をせき止め、厚く重く水を淀《よど》ませていた。こんなところに鱒がいる。流木の下に、波立つ岩の裏側に。

ぼくは、大きな流木の下の淀んだポイン

トに、何度か落とそうとこころみた。しかし、あまりうまくいかないうえに、川下から吹いてくる風にあおられ、なかなか届かぬ。それに枝がこわい。また、4、5メートルも手前の川の流れの速い中に落としてしまう。流れに乗って、ハミルトン・キラーはあっという間に小さくいくつもの渦の中に消えて行く。

僕は風が止《や》むのを待って、その淀みをめがけてロッドをふった。フライはまぐれのように、その淀みのなかに舞いおりた。瞬間、静かに重い水がぐらりとゆれ動いた。大きな鱒の口が開き、フライをくわえるのが見えた。僕の脳電流は網膜に何コマもの1／1000秒のシャッターがとらえた映像を残した。

ロッドを軽くたてた。そう思った瞬間、重い衝撃と、あっけない絶望がやってきた。鱒は流れる水の上でアクロバティックに体をよじらせ、そのまま流れの中に消えた。ハミルトン・キラーが見えない。糸が吹きつける風の中に、句読点のない文章のように流れていた。

Tはもっと川下でロッドをふっている。Tもまだ釣れないらしい。

ぼくはフライを付けるために風を背にした。付け終えるとそのむつかしい淀みをさけ、川上のほうに歩いて行った。そして一時間後、ぼくは一尾釣りあげた。34、35センチぐらいのやつだ。それでも重い。たぶんこれより小さかったらリリースし

大木の死骸だ。何と美しいのだろう。自然死だ。雨風に晒されて自然は作られる。どんな彫刻よりもみごとだ。

なければならないだろう。これはカナダの『Licence to Fish』に書いてあるはずだ。しばらくは、もう一尾、少しデカイやつを狙《ねら》い、ロッドを左右にふってみた。しかし、全然あたりがない。ニンフを付けたラインにしようかとおもったが体も冷えてきたし、それにトーストとコーヒーだけの早い朝食じゃたまらない。もう一度、朝食をとらなくてはもたない。パンはしこたま持ってきた。

草の上に転がしたままの鱒を見た。せっかく釣ったやつをコヨーテや熊《くま》に食われたら大変だ。これはまったくの冗談ではない。車で走っていてさまざまな野生動物にであった。すぐ目の前を熊の親子が歩いていたりする。二匹のコヨーテが樹間を炎のように走るのを、そして深夜にはさまざまな動物の光る小さな二つの目を見た。道路を横切る大きなそそり立つ角を持つムースの巨大なシルエットに驚愕《きょうがく》した。ハイウェイには、車に激突した鳥、轢《ひ》かれた獣の死骸《しがい》。草原の道を走っていると、何十匹となくタイヤの下でつぶれるプレリードッグを見た。すぐそこでコヨーテに鱒を食われても不思議ではない。

ぼくは無事な鱒をぶら下げて、フォードをとめてあったところまでもどった。Tもすぐにもどってきた。

火が燃えていた。助手のEとRは二人で石を集め簡単な囲いを作っていた。その中で枯れ枝が盛んに燃えていた。キャンプ用のケトルで湯を沸かし、コーヒーをいれた。ブリキのカップで皆で飲んだ。唇につけられないほど熱い。しかし、冷えきった手で包むようにして飲みはじめた。体の芯《しん》まで冷えている。こんな時は熱いコーヒーはありがたい。

Tがラムをたっぷりと注ぐと、熱いコーヒーがいささかさめ、ガブリと飲める。強いラムの匂《にお》いで、一瞬むせた。ラムのアルコール分が胃をすりぬけて、血管に入り、体をあっためてくれる。

こりゃいい。ラムだけをカップにゴボゴボとついで飲む。胃がひりつく。空腹にはチトこたえる。Tも一尾釣り上げていた。

「小さいのは二尾ばかり、リリースしたがね」とT。

二時間ほど前に火をつけていたのだという燃えさかる炎もおさまり、ちょうどいい火かげんになっていた。Eがいつも持参のフライパンを出し、そんなに脂肪分の多くないショルダーのところを使ったカナディアン・ベーコンを手荒く切ってのせた。

一つの楽しみがあった。

スタインベックの『チャーリーとの旅』という本の中に、スタインベックが友人を訪ねると、その友人が自分の牧場の池で竿を四回ふり、四尾の鱒を釣りあげ、その鱒にコーンの粉をまぶし、ベーコンの脂《あぶら》でカリカリに焼き、ベーコンと一緒にくれる。それをスタインベックが食う。魚とベーコンが時々口の中でカリカリとくだける。そんな霜の朝の食事の話が出てくるのだが、いかにもうまそうな話だ。

そんな話がぼくの心の底に沈んでいたのだ。なるほどバターやそのほかの油ではなくベーコン。なるほど、なるほど。これがアメリカのトラディショナルな調理法なのだという。アメリカの調理法も捨てたものじゃない。野趣があり、鱒には合うにちがいないと本を読んだときに感じた。さっそく家の台所でと思ったが、これはやはり釣った鱒、しかも、外で調理したい。それが今日、やっと念願がかなうというわけだ。

つまらぬことかもしれないが、フランス料理の超一流のレストランでの鱒のパイ焼き包み、クリームソースに埋まった鱒を、銀のナイフとフォークで白いテーブルクロスのうえで食べるより、ぼくはこの一瞬を待っていたのである。だからコーンの粉もベーコンも、昨日、モーテルの厨房《ちゅうぼう》からもらってきたのだ。少々、フライパンが小さいのが気にいらないが、しかたがあるまい。吹きこんでくる風で火はますます光りをました。フライパンをのせ、切った1キロぐらいのベーコンをいれ、ジュジュと焼いた。そいつをEにまかせて、ぼくは二尾の鱒の腹を裂いた。おどろくほど身が赤い。胃袋を取りだし、ナイフを入れてみるとエビのような甲殻類や水棲《すいせい》昆虫をいっぱい詰めていた。まるでこの川の標本のように石の上に並べて見た。溶けかかった羽根や足、爪《つめ》があった。ぼくは裂いた腹の中を川の水で洗った。しかし西洋人なら捨ててしまう内臓もそっと洗い取っておいた。それも炒《いた》め食うつもりである。

　できるならそのままとおもったが、フライパンが小さい。フライパンから尾の先が出てしまう。しかたがない、鱒を筒切りにした。ベーコンから出た脂がフライパンの中で泡立っている。ぼくは手早く鱒に塩、コショウをし、コーンの粉をまぶし、煙の出そうなフライパンの中に入れた。

　一瞬鱒は生きているように、身をギューッと縮めた。裂いた腸は外側にめくれあがる。鱒のエラが開き、口は落下した昆虫でも呑《の》み込もうとするかのように大きく開いた。鋭い歯が見える。背鰭《びれ》が動く。腸が縮む。表面が黄金色に焼きあがる。

雨が上がり、鋭い針葉樹林の香りにも負けない匂いが、あたり一面に漂う。コヨーテには頭ぐらいは進呈しよう。

ベーコンのカリカリに焼けたやつを、コーンにまぶして焼いた鱒の上に置き、アルミの皿にのせた。むしゃぶりついた。唇が焼けそうだ。舌も焼ける。舌を焼いちゃ味覚が鈍る。

ぼくはステンレスの折り畳み式のフォークに鱒の身を突き刺し、青空にかざし、吹き抜ける風に晒《さら》して食った。五分もかからない。あっという間に胃におさまってしまった。コヨーテの分まで食べてしまった。頭を、尾の先を持ってしゃぶった。T、E、Rもだ。骨だけだ。これじゃアリも跨《また》いでとおりすぎてしまうだろう。

ベーコンの濃縮された味が、鱒の淡白な味にピッタリだ。まだ、たっぷりとベーコンの脂が残っていた。そこへ十個ほどの卵を割りいれた。残ったカリカリのベーコンを齧《かじ》りラムをあおった。半熟の卵を、炎にかざして焼いたパンの上にのせて食った。やっと満ちたりた。いささか遅い二度目の朝食を終えた。

針葉樹林のうえは太陽が出たり、ときおり短い間、厚い雲におおわれたりする。ぼ

水墨画をおもわせるようなしっとりした巨大な針葉樹林だ。雨をふくんだ雲が切れるとうっすらと太陽が出たりした。

くらは火の中にさらに枝をくべ、炎が燃えさかるのを眺めていた。風に吹きつけられるように小鳥の声が聞こえる。

　そのときだ。シュンシュンという軽快な音がした。針葉樹の葉の先の雫《しずく》が、強風に吹かれて燃えさかる薪《まき》に落ちてきた。しばらく車の中に逃げ込み、ヒーターをきかせ一時間ほど眠った。そして午後からもう一度、川をめぐった。

　カナダを一か月撮影しながら1万キロを走破した。その日は、一か月のなかでたった一日の休日だった。

耀《かがや》ける朝、輝ける生涯を迎えるための朝食

アメリカ＊マイアミ（1964年）

……テーブルの中央に置かれたピッチャーにオレンジジュースとミルクがなみなみとつがれていた……。

カシアス・クレイは自分の弟と多数のとりまき連中とともに何回目かのキャンプをはっていた。対戦相手はぼくの推測では、ソニー・リストンではなかったかとおもっている。あるいはジョー・フレージャーだったかもしれない。いや、一度に二人を相手にしてもよいやと考えていたかもしれない。クレイの生涯でもっとも充実していた時期であったろう。なにもかもが輝いている、そんな時の流れに身をゆだねていた頃のことである。

早朝、クレイと弟がマイアミのまだ薄暗い海岸線を走る。かなりの時間をかけたロードワーク。たっぷり汗をかき、シャワーをあび、充分に自分の強さについて語り、

詩をわめく。そして、光がさんさんとふりそそぐ頃、ホテルの部屋で朝食をとるのである。

冒頭の文章は、クレイが入ってくる前に部屋を覗《のぞ》いたスポーツライターの描写である。これを読んで以来、ぼくはすっかりオレンジジュースが好きになった。そのあとクレイが朝食に何を食べたかなんて、何にも書かれていない。しかし、クレイの体調、食欲、気力、美、神秘、勝利、すべてを語っている適確な文章だ。

それにしても、なんと素晴らしい朝食のはじまりなんだろう。しかし、ぼくにはクレイのような輝くばかりの朝食をもつことは、生涯あるまい。だが、少しでもいい朝食をもちたいものだ、と考えている。

ぼくも職業がら他の国で朝食をとることが多い。ほとんどホテルの食堂か自分の部屋かどちらかである。幸か不幸か、仕事と道づれゆえに、ゆっくりと朝食をとることもままならぬ場合が多い。しかしながら、できる限りゆっくりと時間をかけて朝食を味わうように心がけている。

フランスのようにクロワッサンをカフェオレにピチャピチャひたして自分のベッドでいただくのも悪くはないのだが、やはりイギリス風に朝からネクタイを締め、食堂に赴くというスタイルのほうが好きだ。「英国を知ろうとおもえば一日に三度（英国の）朝食をとれ」とは、かのモーム先生の言葉ではあるが、英国の朝のテーブル風景にはなかなかなものがある。

ボイルドエッグ、スクランブルエッグ、フライドエッグ、ベーコン、ハム、何種類ものソーセイジ、大きな野生のマッシュルーム、鱈《たら》、鰊《にしん》、キドニー、ポーリッジ、ひらめのバター焼き、トースト、紅茶、コーヒー、ミルク、等々……。しかも、十数年前までは、ウェイターが客にビールの注文をとってまわり、しかる後に銀のポットになみなみとついだビールを傾けた。まさに男の朝食にふさわしいではないか。ぼくはその英国の習慣を良しとして、英国を旅している間、毎朝ジョッキを傾け続けた。

今も、時折、家で朝食にビールを飲む。すると突然、クレイの朝のように輝き始めるのだ。そんな時には、この素晴らしい朝食のために、心をこめてベーコンエッグを作ることにしている。

このベーコンエッグは単純なだけに材料は充分すぎるほど充分に吟味したものである。

1　まず最初は卵。これについてはただひとこと「新鮮でなくてはならない」。

卵は呼吸をしているのだ。冷蔵庫のなかに一週間もほっておいたやつはやめにしたい。すでに冷蔵庫のイヤなにおいを吸収してしまっているのだ。

ベーコンエッグが出てくると、ナイフとフォークを手に、どのようにして食べようかと悩む人も多いだろう。

2　つぎにベーコン。最近は案外いいものがでまわるようになったが、もし気に入らなければ自分で作るぐらいの心がまえがほしいものだ。

3　それに塩。これもないがしろにできない。吟味されたし。

4　コショウ、もちろんカリカリと碾《ひ》く。

5　そして厚いフライパンを使うこと。火は強火から中火にして、ベーコンを焼く。ベーコンは、ペーパータオルの上にとりだし余分な脂《あぶら》をとりのぞく。そして、フライパンの中の脂もすてる。

6　卵は1個ずつ小さなボールに割入れ、卵の状態をしらべる。異常がなければ、2個の卵を一緒にする。再びフライパンにベーコンをもどし、2個の卵を中心に落としいれ、塩をふり、コショウを碾き、フライパンと同じ大きさの蓋《ふた》をかぶせる。7　2分ほど焼き、テーブルスプーン2杯ほどの水をくわえる。もちろん蓋は間髪をいれず元に戻す。そして1分。完成である。少女の目ぶたような薄い膜につつまれた白い卵。愛らしくよじれたベーコン。絶妙なるバランスの塩・コショウ……。

さて、これで完璧《かんぺき》というべきベーコンエッグができあがったはずであるが、より完璧を期するためには、ベーコンエッグの食べ方に触れねばならないであろう。

白い皿にサーブされたベーコンエッグを、いかにして食べるか、これがなかなか難しい。

皿一面に黄身が流れてしまうような食べかたは、どこか汚ならしく好きになれない。白身の部分だけを先に食べ、後で黄身を一口で食べるのも子供っぽい。実のところ、これが正しいという食べ方はない。あまり上品なマナーとはいえないが、ぼくは黄身に唇をのせて吸うようにしている。

クレイの朝に思いを巡らせての朝食にはそれが一番ふさわしい。

ロスの朝食は、二軒あり

アメリカ＊ロスアンジェルス（1990年）

ロスでは泊まるところが十数年きまっている。C／Pというコンデミニアムである。かなりの人数でも泊まれる部屋数があるのと、ちょっとした料理ぐらいは作れる台所があるからだ。はじめのころは朝食もつくっていたが、ある時、すぐ近くのサードストリートとロバートソンの角を右に曲がったところにあるミッシェル・リチャドソンという小さなレストランへ行くようになってから、朝食はそこでとることにした。撮影がはじまる朝に朝食を作るのがやはり面倒になってというより、撮影前に集中力を弱めたくない気分がしたからだ。その店は、朝も早いし、なんと言っても清潔なところがいいし、働いているウェイターも職業的な過不足のないサービスがいい。

おかしなものだ。いつも座る場所が決まってしまう。どうもそこで食事をしないと、落ち着かないのだ。七時四十五分までに行かないと、出勤前の若い女性がそこにすわ

刻んだハーブ入りオムレツだが、見ても分かるようにハードだ。アメリカ人はとろりとした卵が好きではないのだろうか。

っていた。二年前から話をするようになった。ぼくが現れるようになると、毎日、数分ずつ早くなる。それがゲームのようになる。まあ、ほぼ同時の時は、ぼくは譲ることにしていた。ミス・S、彼女はいつもベーコン一枚とサラダと二枚のトーストをロスアンジェルスタイムスを読みながら食べていた。知人がくると大袈裟《おおげさ》な笑顔を送る。そして、コーヒーを二杯飲み終えると、シヨルダーバッグからピルケースを取りだしピンク、ブルー、白などの何種類ものカプセルをテーブルの上に並べる。いつでもすぐに取り替えられるように白い紙のテーブルクロスを敷いてあるその上に散らばったピルが魅惑的に光る。それを一粒ずつ赤いマニキュアを塗った指につまみ、飲み干すのだ。それが何とも神秘的なのだ。

ある日、どんな薬なのか聞いた。アルファベットを羅列したような栄養剤。血をサラサラにするもの、心臓をなんとかするもの、ぼくの語学力ではどうにも分からない医学用語だ。そして避妊のカプセルなどと言った。カプセルを飲んでいるのは彼女だけではない。まわりの人もしきりと栄養剤を食べるように服用していた。ロスの流行だったのかもしれない。

ぼくはその店では毎日、違うものを食べる。九〇年の六月十六日の日記を見ると、ブリオッシュ、エッグベネディクト、スモークサーモン、それにカプチーノの文字が見える。

エッグベネディクトはアメリカの朝食のなかの卵料理では、比較的よく出てくるものだ。キリスト教宗派のベネディクトの僧侶《そうりょ》が創作した物だと言われているが、正確なところは分からない。

もう一軒、好きな店がある。アメリカがもっとも豊かでおおらかな気分の漂う六〇年代の雰囲気のする店だ。ハッシュドブラウンがうまい、ソーセイジがうまい。パンケーキもうまい。

僧侶は質素な食卓でなくてはいけないはずだが、ベネディクト派のレシピ一本を見るとなかなか贅沢である。

ジーンズをはいた中年のおじさんやおばさんが夫婦でやってくる。すべての料理の量は皿から溢《あふ》れるように多い。店にはカントリーウェスタンがジュークボックスから流れている。とぎれると、だれかがコインをいれ選曲のボタンを押している。

そこでボリュームのある朝食を食べ終えると、というより食べている時にも、少しでもコーヒーが減るとつぎたしてくれる。そのコーヒーを二杯ぐらい飲みながらいい中年のおじさんが「ハー、ジョージ」などといいながら隣の席につくのだ。列車の背凭《もた》れのような垂直な椅子《いす》とその前に四角なオークのように木の筋の見える硬い木のテーブルがある。椅子には赤いビニールがはってある。そこへすっぽり嵌《は》まるように座って朝食をとる。アメリカ一のハッシュドブラウンとベーコンエッグ。時にはカントリースタイルのソーセイジにすることもある。

カリブのクルージング

アメリカ＊マイアミ（1997年）

マイアミははげしい雨だった。インタコンチネンタル・ホテルの二十一階から見えるハーバーに白い巨大な船が灰色の海の中に停泊している。カーニバル。三万トン。大きなビルを二つあわせたほどもある。あの船に乗り、一週間のクルージングに出かけることになっている。

ひとしきり暖かい雨が、パームツリーの葉を叩《たた》き付けていたが、さきほどから、空は絵筆で描いたように明るくなり、雨が突然止《や》んだ。

大きな窓のそばのテーブルの上に、朝食をのせたプレートが置いてある。クロワッサン、無漂白のパン、ポピーシードのついた丸いパン、トースト、甘いダーニシュペストリ。オレンジジュース、ステーキとポンフリット。ピカピカに磨かれたポットに入っているコーヒー、そして果物だ。それに宿泊した客にサービスのシャンペンがクーラーの中に突っ込んである。昨夜、飲むつもりだったが食事の時にワインを飲み、部屋に戻った時には、シャンペンのようなものは飲みたくなくなっていた。バーボンを少し飲んで寝てしまった。今朝、冷蔵庫の中の氷を取りだし、クーラーの中にいれておいた。

シャンペンにオレンジジュースをカクテルし飲んでみた。映画か本でそんな飲み方をしていたのを覚えていたのでまねてみた。もう一つキュウリのスティックを何本かグラスにさしこんで飲むのも、朝食にはいいとあったが、あいにくキュウリがない。シャンペンを飲みながらステーキを食い、ポンフリットを齧《かじ》った。いかにもアメリカらしい朝食だ。さすがにシャンペンを飲み干すと酔いがくる。パンを食べ、コーヒーを飲む。朝食を終え、シャワーを浴びてしたに降りていった。チェックアウトを済ませ、カーニバルが停泊しているところまでタクシーでいき、パスポートを預け、海の税関でチェックを受け荷物を預けていると、突然、ハリケーンのような雨が降ってきた。そんな中を乗船するはめになった。

最上階の甲板に横に積まれたデッキチェアーの一つ一つのフレームに雨の滴《しずく》が、パチンコ球のように揺れながら落ちていた。いささか濡《ぬ》れたが常夏《とこなつ》のようなマイアミではむしろ気持ちがいいくらいだ。

クルージングでカリブの島々に上陸するために、大きな港がないところでは、沖に停泊し、ボートで渡った。

次の日の午前中は雨だった。大きな船だから風があっても近代的な造船技術で波消しがうまく施されているのだろう。さほど揺れない。

船の上はある意味では不思議な拘束の中にある。いくら音楽、エンタテーメントが華麗であっても、海上では船から一歩も外へは出られない。だれもが楽しみにしているのは食事だ。今でもそれは変わらない。

このクルージングの朝食は、バイキング式だった。自分で皿を手に食事を取ってくるというのはあまりいい気分ではない。ちょっと苦痛である。だが、船の上での健康な生活は食欲を募らせ、朝も早くから空腹である。はやばやと食堂に足を運んだ。すでに人はずらりとならんでいる。いろいろ

なんとも情けない朝食だった。船旅は食事がもっとも大事なのに、これがアメリカ料理の典型で一日で嫌になった。

な料理から好きな物を選べばいいのだ。

ブレックファスト・ビュフェで、一番人だかりがしているのはフライパンを手に、焼き上がる寸前のオムレツをフワリと空中にほうり上げているコックのところだ。パンも何種類もある。

日記によると、十一月十四日の朝食はソーセイジ、ベーコンとスクランブルエッグ、ハッシュドブラウン、モッツァレッラ、メロン、西瓜《すいか》、ブドウ、マンゴーとある。うまいともまずいとも感想は何も書いていない。

ブレックファスト・ビュフェは、どれくらいの広さがあるのだろう。とにかく広い。船の前と後ろに一つずつのビュフェがあるとはいえ、二千人の乗客が朝の五時から十

とにかくよく食べる。これではあっというまに太るだろう。まだ、これだけでなくオムレツやハム類も食べていた。

時までの間に朝食をとるのだから、一度に大勢の人が朝食がとれるスペースがいる。

一番上のデッキの天窓まで、まるで教会のような高さがある。

四人がゆったりと座れるテーブルが、百以上あるだろう。食事をするにはいささかゆったりし過ぎているようなソファーだ。

まだ、空も水平線も青くとけあって定かでない時間にやってくるのは、やはり老人たちだ。それから四十代、三十代の夫婦と子供たちがやってくる。そして、遅いのは若い二人組みだ。八時から九時ごろは並ばなくてはならないほど混み合う。

バイキング式になっているから、食べ物があるところへプレートを持った人たちが群がっている。

果物もふんだんにあった。この他にマンゴー、バナナ、イチゴ、リンゴ等々。それもあっというまになくなった。

食べるところは吹き抜けになっていて、天井からは太陽の光が差し込み明るい。二階の一部でも螺旋《らせん》階段を上がっていくと食事ができるテーブルと椅子《いす》がある。そのフロアーから外へ出るとアッパーデッキになっている。そこには数百の白いプラスチックのデッキチェアーがずらりと並んでいる。朝食を終えた人たちは、デッキチェアーにバスタオルを敷き、オイルで光る体を横たえているのが見える。だが、雨の日のデッキは悲惨なものだ。こんなにも孤独な気分になるものはない。雨の飛沫《ひまつ》に濡れたデッキにはだれもいないのだ。黒い雲ばかりだ。そんな日はやはり朝食もあまり食べたいとはおもわないものだ。

十五日は、目の前で作ってくれるオムレ

一度に二つのフライパンをあつかっていた。なかなかアクロバティックだが、もっとうまいオムレツを焼いてほしい。

ツ、ヨーグルト、グレープフルーツ、フレンチトースト、ソーセイジ、コーヒー。目の前で、四人のコックが並んで作っている。まったく同じリズムではないが、それぞれの手順はほぼ同じである。

ガスではなく電熱である。フライパンをその熱源にのせ、バターを大さじ2、3杯いれ、バターが溶け泡が出るほどになると、溶いた卵を注ぎ、一度半熟よりもどろどろ状態にし、そこへ、さらにレイドル1杯ほどの卵をいれ、トマトと玉葱《ねぎ》のみじん切り、ピーマンを炒《いた》めたもの、ハムのみじん切り、チーズをいれフライパンの柄のところを叩き、フライパンを手前に引くようにし、上に放り投げるとオムレツは裏返しになる。そして、柄を逆手に折り畳んだオムレツを皿の上にくるりと返す。ちょっと時間をかけ過ぎる。確かに、中のチーズは溶けてるだろうが、卵はパサパサになってしまう。

これがスパニシュ・オムレツである。手順や手捌《さば》きは鮮やかなものだ。まあ、オムレツは人が並ぶだけのことはあるのだろうがもうすこし火が通らないほうがよいとおもった。割るとビロードのようにとろりとしたオムレツではない。それになんでも量が多い。このオムレツもかなりのボリュームだ。しかし、アメリカ人など女の子でも、朝から皿にピラミッドのように盛り上げている。残すのではとおもっていてもペロリと平らげてしまう。

十六日はパンケーキ、ベーコン、ソーセイジ、グレープフルーツ、ヨーグルト、コーヒー。パンケーキにバターをのせ溶けたところにメープルシロップをかける。たまに朝食に甘いものも悪くはない。パンケーキはなかなかうまい。バターの塩分とメープルシロップが口の中で混ざりなかなかだ。たっぷりミルクを入れたカフェオレを飲んだ。

十七日はコーンフレーク、バナナ、メロン、オムレツ、グレープフルーツジュース、コーヒー。コーンフレークにバナナをナイフで切り、メロンも薄切りにしてのせ、ミルクをかけて食べる。いろいろなグレィンが入っていてうまい。

十八日は前夜いささか飲みすぎたせいであまり食べたいという気分ではない。オレンジジュースを二杯飲み、コーヒーを飲んで、トーストを齧った。

十九日はプレーンオムレツを焼いてもらった。二度ほどつくってもらったコックと違う。バターを大さじ3ほどいれ、卵をいれたのだが、フォークでさっさと混ぜ、そのままさっとまとめてしまえばいいのに、じっくり火を通す。それじゃ火が通り過ぎパサパサになっちゃうよ。見ていれば食べなくとも分かる。ナイフを弾《はじ》くようなオムレツを一口食べ腹が立った。天候の不順さもあり食う気がしなくなり、グレープフルーツジュース、ヨーグルトとコーヒー、トーストだけにする。

二十日は、フライドエッグとクロワッサン。トマトジュース、コーヒー。

この他にもさまざまなものがあってもクルージングの終わりにはちょっとあきてきた。

昼から天候は回復した。白波頭は立っていても空は青く、強い陽射《ざ》しで、船はかすかに揺れる。人々は水着になりデッキチェアーに体を横たえていた。ぼくも同じようにデッキチェアーに寝そべっていた。

白い雲が横たえている目線の中に一つ二つと浮かんでいる。カリブの青い海がその下にゆっくりと波打っていた。

今夜が最後だ。朝早くマイアミに着く。その日の朝食は船では食べられない。だが嬉《うれ》しかった。

次の日の朝は、マイアミのインタコンチネンタル・ホテルでの朝食だ。

ピリリとうまい朝食

メキシコ＊オアハカ、メキシコシティー（1991年）

メキシコのオアハカへ行ったその日の夜に、かなりの地震があり仰天した。太い梁《はり》に支えられたその上のレンガが、ガシャガシャと揺れているのをテーブルのしたに潜り込んで眺めていた。何とも様にならない。いきなりのきつい歓迎ではないか。やっと夜が明けた。外に出て街の様子を見たが、どこにも地震の後遺症のようなものは見当たらない。そのままオアハカの常設市場へ朝食を食べにでかけた。視界が遮られるほどの肉塊や内臓が、ぶらさがっている。解体された残酷なイメージはなく、抽象化され美さえ感じる。その前をとおりすぎると自分で焼いたタコス、トルティーヤを売っている女たちがいた。足元に何重にも包み熱が外にでないようにした丸く深い籠《かご》が置かれてあった。布も薄汚れ脂《あぶら》が滲《にじ》んで、布というより、獣皮のように見えた。

口々に何やら叫んでいる女たちの前を通って奥に入ると、市場の真中あたりに食事

一週間、ここへ通った。いろいろなところで朝食を食った。市場で朝食を食うのがもっともいい。

ができるようになっているところがある。何軒か見て気にいったところを選べるようになっている。座ったところはカウンターで囲まれていて内側では簡単な調理ができるようになっている。食べて見ようと思ったのはスープだ。カウンターの上には、あらゆるところの内臓、肉を茹《ゆ》でたものをいれた籠があり注文をすると、即座にその籠から内臓と肉片をとりだし細かく切り、ボウルにいれぐらぐらと煮たった湯のようなものを注ぐ。そのスープを飲もうとするとトルティーヤは食べるかと言っているのだろう。トルティーヤという単語があり、イタリア語に近いラテンの言葉だ。多少は理解できる。食べると言うといきなり、フラメンコダンサーのように両手をあげパンパ

焼き立ての厚いトルティーヤに焼いた肉、玉葱のみじん切り、シャンツァイ、ハラペーニョを潰したソース。うまい。

ンと手を打った。さっと一人の女がやってきた。トルティーヤを籠から取り出して二枚置いていった。店ではトルティーヤを作らず女たちから買うようだ。客は直接その場で代金は払わない。後で店から請求される。女たちは店から金をもらうらしい。マージンが店に入る。もっと食べたいとおもったら、手をあげパンパンと叩《たた》けばすぐにどこからかやってくる。そのトルティーヤを齧《かじ》りスープを飲む。小さなライムを半分に切ったものが数個ついてくる。ライムをつぶし、スープにいれる。さっぱりした下味になる。茹でた内臓や肉は余分な脂肪が抜けていてうまい。そのほかに発酵した唐辛子のドロリとしたものを入れる。寝ていた胃が動きはじめる。オアハカにいた一週間程は何度も朝はこのスープにした。

オアハカからメキシコシティーへ戻った。まず、朝はピンクのビニールをはった屋台で、いろいろな種類を混ぜた濃厚なフルーツジュースを飲んだ。とにかく120パーセントといいたくなるような濃厚なジュースだ。ジュースを飲み終えブラブラ歩いていると、広場があった。

人だかりがしている。離れたところからでも、タコスかトルティーヤを食べているのが分かる。二人の女が忙しげに、いろいろな具をのせていた。トルティーヤにトマトで煮た米を、そのうえにジャガイモと煮たタンを乗せ、玉葱《ねぎ》とトマトのトロトロしたものをかける。次にピリピリとした緑の唐辛子・ハラペーニョを潰《つぶ》したものをかける。

ぼくは、そいつを大口を開けて齧った。うまいところを皆はよく知っている。並んでも食べたいとおもうのもうなずけるものだ。トルティーヤのしなやかな、しかし、歯先から顎《あご》につたわってくるトウモロコシのしたたかな弾力には、根源的な食べるという、官能的な噛《か》むという行為を充分満足させられる。生の青い唐辛子の剃刀《かみそり》のような爽《さわ》やかな辛さは、潤《うるお》いを口の内側に生じさせてくれる。さらに焼いた肉片と香り高いザクザクと切られた玉葱の鋭い匂《にお》いと、トマトのみじん切りとが渾然《こんぜん》と響き合うの

トルティーヤを売っている女たちが市場のいろいろなところにいた。家で焼かないで、主婦も買っていた。

だ。

　つぎつぎと手渡されるトルティーヤを大口開けて食べている男たちは、目を潤《うる》ませるようにして食いつづけている。すぐそばで白い液体を売っている男がいる。トルティーヤを食べているところよりは人は集まってはこないが、それでも僕がトルティーヤを食べている間にも二、三人は、その男のまえにたって、その白い液体を飲んでいる。ミルクのようであるが、ミルクではなさそうだ。トルティーヤを満足して食べ終えると、ちょっとその白い液体を飲んでみたくなった。歩いていき、一つと言うと、なみなみと注がれたコップをくれた。飲んで見るとやはりミルクではないが、ちょっとしたなつかしい味がする。かすかに感じ

いろいろな内臓を茹で刻み、丼に入れ湯のように淡白なスープをかける。
葱、香辛料、ライム、唐辛子を振り入れ好みの味にする。

るか感じないような甘味があり、動物のミルクにない淡白なやさしさがある。さて、さて、何だろう。静かに味わってみると、いつも味わってるような舌の記憶がある。これはなんという飲み物かと聞くとレチェ・オルゾといった。レチェはスペイン語でミルク。オルゾは大麦だ。かすかにシナモンとクミンシードの香りがする。どうも大麦を水につけ細かくすり潰し、それに水を加え煮るらしい。それにわずかな砂糖を加えるだけだ。粥《かゆ》をたっぷりの水でつくったときにできる重湯に近く、食感はさらさらしているが、味蕾《みらい》が感じるのは濃度がありうまかった。

　その広場には他にもいろいろな甘いパン、茹でたトウモロコシを売っている。近づいてみると、赤い唐辛子の非常に細かくひいた粉がふりかけてあった。そしてトウモロコシの皮に包んでトウモロコシ粉を蒸したようなものを売っていた。これは一度食べてみたいものだ。明日の朝にでも食べてみよう。

ユダヤ人の経営するホテルで毎日作った朝食

オーストラリア＊ボタニー・ベイ（1967年）

はじめて外国へでかけたのは、もう、四十年前になる。半年のつもりでオーストラリアへ行くことにした。ヨットの写真を撮ろうというのである。たまたま外国の写真雑誌で、シドニー湾を埋めつくすようなヨットを鳥瞰《ちょうかん》した写真を見たのだ。若い時には、肉体的には溌剌《はつらつ》としていても、内部は鬱々《うつうつ》としているものだ。たった一枚の明るすぎるぐらいの写真を見て、オーストラリアへ行こうとしたのだ。なにか明るい気分になれるところへ行きたかった。

当時のぼくには無謀な行動だった。それだけで気持ちが動いたのだからちょっとおかしい。それが若さなのかもしれない。ともかく湿度と薄暗い冬の日本を気分的に逃れたかった。

オーストラリアの空港におりたった。三十数年前に今の空港に変わったのだ。変わ

半年間ほとんど朝昼夜もっとも安い肉を焼いたステーキだった。この写真は、後に行ったときに食べたTボーンステーキだ。

る前の空港である。

外国旅行もはじめてだし、当然、税関なんかも通ったことがない。当時は若者が、ふらりとやってくるなんてことはなかったろう。緊張していたとおもう。だが、とりあえずなんとか通過して、空港の外へでた。十二月の東京を出たときは、冬支度である。外へ出たとたん緊張が解けクラクラするほど熱かった。シドニーは真夏であった。

ホテルに着き、九階の部屋へ入った。その九階の窓からシドニー湾が一望できる。遮るビルは一つぐらいだった。しかし、十年ほどたち同じホテルから見ると、高層ビルの林立でシドニー湾がわずかに見えるほどまでになっていた。当時はオペラハウスが見えていた。

そのホテルに二日ほどいたが、あと半年滞在しなくてはならない。とてもじゃないが、安いホテルを探さなくてはもたない。

ボタニー・ベイは、当時は、やっと商店街がならび、街らしい体裁をととのえはじめたばかりだ。ぼくは、その商店街にある二階建てのサボイという小さなホテルに泊まることにした。とにかく安いということもあるし、そして、だれでも使える台所があるというのが選んだ大きな理由だった。ここなら自炊ができる。見渡すといろいろなものも揃《そろ》っている。ロッカーのような鍵《かぎ》の掛けられる個人用の冷蔵庫もあった。容積は小さいがとにかく冷蔵庫だ。

その日の昼から、さっそく自炊にした。近くの肉屋へ行き安い肉の塊を買った。たぶん2キロぐらいの腰のあたりの肉だったろう。パンを買った。田舎風の丸い大きなパンだった。それがもっともトクなような気がした。そして、ワインがほしい。ボトルのものは高いし、贅沢《ぜいたく》だ。巨大なフレスコのような瓶のものを買った。普通のワインの十本分ぐらいはあろう。それでいて普通のワインの二本ぐらいの値段だった。

とにかくステーキを食いたい。塩とコショウがあればいい。皿、鍋《なべ》、フライパンは台所にあるものを使えばいい。

台所は広い。レンジはあるが、見慣れたものではない。太い鉄線が丸い鉄板の上に二重に丸くのっている。ガスを使うレンジではないようだ。前面のパネルに回転するスイッチがある。左に回せば、熱力が強くなるらしい。スイッチをひねっても、なんだか変化はない。手をかざしても熱くはならない。そのままにして部屋に戻りグラスにワインを注ぎグーッと一気に飲み、さらに注ぎ台所にもどると、黒かった太い鉄線は赤く光っていた。手をかざして見るとけっこう熱い。はじめて見た電気式のレンジだった。

肉を厚めに切った。ステーキにしようとおもった。

そのころ、ぼくらがステーキを食べるなんてことは、滅多にないことだった。肉をかなり大量に食べる料理といえばすき焼きで、肉屋のショーウインドーにあるものは薄く切った肉だけだった。オーストラリアの肉屋のようにさまざまな肉の部分を切り分け、その肉塊がぶら下がっているなんて、見るのもはじめてだった。しかも、霜降りの肉ではなく、どこにも脂肪らしいものは見当たらない。赤身が大半であった。塩、コショウをしフライパンで焼いた。中まで火を通さないレアに焼いた。皿にもり、ナイフとフォークを使いステーキを食った。肉は硬いが、若い顎《あご》の筋肉と歯は、むしろ硬い肉のためにさらなる快感を与えてくれた。安いワインを飲み、パンをちぎり腹一杯食った。400から500gぐらいはあろうとおもわれるステーキは、胃袋におさまった。あとかたづけをして、ただ、ベッドに潜り込んで寝るだけだった。はじめての外国の旅の緊張といろいろな遭遇にやはり疲れていたのだろう。深い眠りであった。

朝の目覚めは、その一か月ぐらいでもっとも気持ちのよいものだった。十二時間ぐらいは眠ったろう。白いレースのカーテン越しに、鋭い光がさしこんでいた。汗ばむほどの暑さがもう、部屋の中にわだかまっていた。小さなテラスのあるほうのドアーをあけると、涼しい風が吹きこんできた。その風とともにぼくの部屋にコーヒーの匂《にお》いが、流れ込んできた。なんといい匂いだろう。だれかがコーヒーを沸かしているのだろう。

コンコンと隣の部屋をノックしている。そして、グッドモーニングという女性の声がして朝食だと言った。そういえば、朝食は金を払えば部屋でとれると、ユダヤ人のオーナーがいっていたのをおもいだした。ホテルの台所でコーヒーを沸かし、ベーコンエッグでも焼いていたのだろう。だが、それをたのむわけにはいかない。わずかな金で半年もたせなくてはならない。朝食はつくってくれるというのだが、とても払えるような値段ではない。当時は、オーストラリアの1ドルが400円だった。東京のラーメンが35円か45円だったかも。正確な数字はおぼえていないが、朝食に数ドル数セント、とても払えない。やはり夕食のように自分で作るしかない。まだ、肉は残っている。それにパンもある。だが、コーヒーはない。ミルクもない。

　ホテルのすぐ近くにスーパーがあった。当時の日本にはスーパーはあっても紀ノ国屋ぐらいで、ないに等しかった。入っていくと、整然と並べられた缶詰やいろいろな種類のコーンフレークの箱が、目に飛び込んできた。カラフルで明快なレタリングと絵が、なんとも美しい。びっくりしたのは見たこともない大瓶のコーラやオレンジジュース、トマトジュース、グレープジュース、名前も聞いたことのない果物のジュースなどが、ダースで売っている。イチゴジャムぐらいしか目にしたことがないのに、いろいろな瓶に赤、黄色、ダークブルー、そして粒のあるもの、ゼリー状のものなどがならんでいる。果物、野菜などが山のように積み上げられてあった。

　そばに、スコップがおいてあったのにはおどろいた。それですくって秤《はかり》に乗せて売るのだ。とにかくオーストラリアはいくら広大な土地にめぐまれているとはいえ、その品物の豊富なのには、当時やっと日本も豊かになりはじめたとはいえ、規模の違いにはおどろかされた。だが、すぐとびつくわけにはいかない。やはり貧乏なカメラマンだ。コーヒーといってもインスタントコーヒーとカートン入りの牛乳を買った。黄金色のオレンジジュースをとおもったが止《や》めにしたことを今でもおもいだす。

台所には客はもうだれもいなかった。女の人が一人であとかたづけをしていた。

「ハーイ」とお互いに同時に言った。

開け放った窓から風が吹き込んでくる。熱いインスタントコーヒーを飲みながら、さあ、今朝もステーキにしようとおもった。さすがに昨夜よりやや薄くは切ったが、赤い肉の色を見ていると腹がグウグウいってきた。

「ア　ユ　ステーキ　ボウイ」と言った。

一瞬、何のことか分からなかった。

アメリカ人でも朝からステーキしか食べない人もいるという。そんな人たちのことをステーキボーイというのだろう。ぼくは、何と答えていいか分からない。ステーキはほとんど食べたことがないのだから、こまったなァとおもった。

「イエス」といってしまった。

女の人はまあすごいというような顔をした。

「これを使うといいわよ」と鉄のフライパンをもってきてくれた。昨夜は見つけることができなかったが、厚い鉄のフライパンがあった。しかも、底に凸凹波型がついている。ステーキに茶褐色の線がついている写真などみたことがあるが、こんなフライパンがあるなんて知らなかった。もちろん、使うのははじめてだ。鉄線が赤くなるのを待ってフライパンをおき、フライパンを熱くした。肉を焼き、裏返すと濃い茶褐色の線がつき、肉の表面が茶色くなっている。

朝からステーキを食った。憧《あこが》れていたミルクをガブガブと飲んだ。

それから半年近く、ぼくは、このホテルで朝食を作った。二十八歳のときだ。ぼくにとってステーキを食べられるなんて夢のようなことだった。レストランで食べれば、人件費の高いオーストラリアでは、つまらない物でもかなりの値段を払うというのが、当たり前のところだ。肉でもサーロイン、テンダーロイン、ランプなどステーキ用御三家はやはり高価だが、いささか硬くてもほかの部位なら安いところもある。それに他の食材と比べても、カロリーを考慮すると、かなり安い。当時のぼくは、肉を選んでいた。当然の帰結だろう。それにステーキは、手間もかからずすばやく調理ができるのがいい。朝、昼、夜と三度ともステーキという日もかなりあった。肉が安ければ人間は、肉を選択するというのは、ある意味では自然なことだ。いったん肉を食べはじめたら、肉のうまさの虜《とりこ》になってしまう。朝鮮でも、朝鮮に攻めてきて、そこに住みついたモンゴリアンたちの肉食の食生活になじんでしまったら、毎週のように「肉をくっちゃなんネ」と朝鮮人に禁止令をだしても、どうにも肉食はとまらなかったという。当時のぼくも、肉を食べることだけ考えていたようだ。

ステーキは血の滲んでいるようなレアが好きだ。ウェルダンなんかで食べるなんてステーキが台無しだ。

ステーキとパン、それにビタミンCの宝庫のオレンジを買いこみ、いつも食べていた。ときおり、肉屋のショーウインドーのつややかな、血を凝結したような心臓、肝臓、腎臓《じんぞう》などの内臓も食べるようになった。新鮮なレバーなどは、匂いもない。レバーはセイジと一緒に焼くとなんともうまい。今でも発作的に食べたくなると、レバーとセイジを一緒に焼いて食べている。

羊もいろいろと食べるようになった。食用の羊肉に二通りがあるということも知った。ラムが仔羊《こひつじ》で、マトンが成育した羊であることを。

羊の内臓も食べるようになった。塩とコショウだけ。イギリスのリー・ペリンス社のウスターソースをたぽたぽとかけた。酸味の強いサラッとした刺激がいい。

内臓の味覚は、色彩でいうならパステル調あり、原色もあり、複雑で一筋縄ではない。草をふんだんに食べた羊の内臓は清浄で、もっとも朝食にふさわしいとおもった。栄養学的なことは分からなかったが、この羊などの内臓料理が、ぼくの体を維持してきたとおもう。

スーパーで見つけたカサカサと音のするコーンフレークも食べることがあった。当時の若いぼくには、いくら栄養学的にはバランスがいいなどと箱に表示されていても、いくら食っても腹もふくれず、エネルギーを生むものかとなじめなかった。

コーンフレークを一箱食べ終えると、肉にもどった。

朝食にもっとも食べたのは、やはりステーキだった。若いときしかできないし、すごい食欲だった。体が要求したからだろう。

ぼくはシドニー近郊のハーバーにあるヨットクラブ主催などのレースを撮影していた。

シドニー・ロイヤル・ヨット・クラブのレースは、朝からはじまる。昼からという時もある。朝の十時ころにはじまる時は、六時に起き、七時にステーキを食う。それから、バス停まで五分程歩きバスに乗る。そして、ハーバーブリッジの近くのバス停でおりる。そこからハーバーブリッジを渡り、ノース・ヘッドの先端まで歩くのだ。二時間ぐらいはかかったろう。もう正確なことは、おぼえていないが後一時間ぐらいかかったかもしれない。しかも、背には、登山用の背負《しょ》い子にくくり付けたカメラ機材が、30キロはあった。だが、そんな荷物も苦にならないくらいの体力はあった。それを背負って金曜日、土曜日の二日間、そして祝日の記念レース、時には水曜日の午後にも開催されていたとおもう、いろいろなヨットクラブへいったものだ。タクシーなどにのるなんてことは、とてもできない相談だ。時にはバス代もしまつし、歩けるところは歩いた。たぶん、新宿駅から東京駅ぐらいの距離なら平気で歩いた。運がいいとヒッチ・ハイクもできることもあったが、そう、しばしばではない。そんなことは気にならなかった。歩きはじめると、車のことも忘れていて、リズムにのって歩いた。

数時間のレースを撮り、昼食もパンを齧《かじ》るくらいでも苦痛ではなかった。だが、こんなすごいこともあった。新聞記者のカーペンターという男と知り合い、その男の口ききで、シドニーシティーが提供してくれるジャーナリスト用のモーターボートにのれる許可証を手にいれた。そのモーターボートが出た時は、その証明書を見せればO

モーターボートに便乗し、望遠レンズを着装して激しいレースを撮影した。何時間でも平気だった。

K。そこには、清涼飲料水をはじめ、ビールも飲みほうだい、いたれりつくせりだった。当時の日本では見たこともないハムなど何枚も重ねたすごいサンドイッチやツナが1センチも挟んであるサンドイッチ、マスタードをたっぷり塗ったスモークターキーのサンドイッチ、スモークイールのサンドイッチなど食べたことのないサンドイッチがふんだんにあった。

激しく揺れ動くモーターボートのうえで、波間を走るヨットを望遠レンズで撮影すると、視界がグラグラと揺れ、すぐに気分が悪くなる。しかし、そんなことで負けてはいられない。数時間、頑張らなくてはならない。こうなればヤケだ。ビールをガブ飲みし、サンドイッチをたらふく食った。こんな時しか、こんな贅沢《ぜいたく》なサンドイッチは食えない。不思議なものだ、そんな時は船酔いはしないものだ。だが、小さなレースには、ボートは出ない。撮影を終え、ホテルまで歩いて帰るのは、さすがにマイッタとおもえることもあったが、朝になると、若い身体《からだ》には疲労感は残っていなかった。そして、厚い肉を焼いて食った。

毎朝、このホテルで働いていた南アフリカから来たジェーンと話をするのがたのしみになった。ジェーンは、白人で二十三歳だった。白人の黒人にたいする当時の差別待遇であるアパルトヘイトのあまりのひどさに嫌気がさし、オーストラリアに移住しようとしているのだった。そのためにはさまざまな条件をみたさなければならない。申請がおりるのは来年になるという。ジェーンは生活のために、泊まっている客のために朝食を作っていたのだ。ベーコンエッグ、ソーセイジ、スクランブルエッグぐらいの簡単な料理だけだが、一人で作っていた。まあ、たいした人数の客がいつもいるというものではない。その仕事が終わると大学へ出かけていた。

ある日、インスタントコーヒーを飲んでいたら、ここのコーヒーを飲んでもいいわよと言う。フレスコに入っているコーヒーを指さした。ぼくはちょっと当惑した。飲んでいいというのだからタダなんだろう。だが、若いときは気取りがあるものだ。コーヒーに手が出ない。

オーストラリアの海岸はいきなり海が落ちたようなところが多い。よく崖の先端から沖のヨットも撮影した。

「どうして飲まないの、オーナーにみつからなければ……」と言った。オーナーはユダヤ人だ。ぼくが台所で皿など洗っていて、水をザーザーと流しているのを見ただけで目を丸くして、そんなに水を流さなくとも と、栓をしめにくるほどだ。
「ああ、ぼくの心臓に悪い」と嘆くのだ。オーナーは不整脈があり、いつもゼイゼイいっていた。それでいながら、ときおり朝など台所へきては、ジェーンのやっていることに、こまごまと注意を与えていた。いつももったいないもったいないと呪文《じゅもん》のように口にだしていた。だから、コーヒーなどタダで飲んでいるのを見つけられたら大変だろう。しかし、インスタントの瓶を、そばに置いておけば、コップの中のコーヒーがインスタントか普通のコーヒーかの違いは見破られるようなことはあるまい。

　コーヒーを飲みはじめたのは、それから二、三日たってからだった。

　毎日、ステーキを食いながらいろいろな話をした。仕事を終えるとでかける大学のこと、南アフリカにいる両親や友だちのこと、そして、ヨハネスブルグでのアパルトヘイトのこと、黒人差別のすさまじさを話してくれた。

　そんな光景や差別撤廃への弾圧に嫌になったといった。

　ステーキはあきなかったが、三度ともパンというのはさすがに嫌になった。オーストラリア産の米がうまいと言う話は、シドニーの領事館に勤めていたUさんからきいていた。領事館の人たちや、当時、オーストラリアに住んでいた人たちも、もっぱらこのオーストラリア産の米を食べていた。ぼくもその米を炊《た》いて、食べはじめた。カリフォルニア米と同じ系譜の米だといっていた。いわゆるジャポニカ米だ。ひさしぶりの白い飯だ。ステーキのそばに御飯をやまもりにして食った。

　ジェーンは不思議そうに眺めていた。

「白い米には味がついているの……」と聞いた。

「いや、なにもついていない。ただ、水で炊いただけだよ」というと「ちょっと食べてもいいか」という。食べてもいいと答えた。口にいれて、「なんの味もしないわ」

と言った。当時は、日本料理なんて知っている人は少なかった。寿司《すし》や刺身、蕎麦《そば》などを口にするようになったのは、それからしばらくたってからだ。それもややスノッブな人たちからはじまった。ジェーンがまったく日本料理について知らないといっても不思議ではない。御飯の味を予想外なものと感じたのも無理はない。ピラフのようなものは、何度か食べたことがあるのだろう。

毎朝、炊飯器もなく、白い御飯を鍋《なべ》で炊くのは面倒だった。とにかくそばにつききりでなくてはならない。吹き上がり白いネバネバをこぼし、レンジでも汚したところをオヤジにみつかったら、大変だ。汚した汚したと騒ぐだろう。手で左の心臓をおさえ天を仰ぎ、なげくだろう。

どうしても、朝だけはパンにもどってしまった。

ホテルでの朝食は、あまりかわりばえしない。ベーコンエッグ、スクランブルエッグも、ときおり焼いて食った。ときにはジェーンが焼いてくれた。

ある日、ジェーンが台所で、肩をふるわせ泣いていた。何かホテルの仕事で失敗し、オヤジにでも文句を言われたのだろうか。あるいはコーヒーや、ときたま作ってくれているベーコンエッグを金もはらわず食っていたのがバレたのかとおもった。しかし、そんなことぐらいでは泣いたりするような軟弱な女性ではない。そんなにばかじゃない。いくらでも言い逃れやトボケたりするぐらいの機転はきくはずだ。そんなことじゃない。

ぼくは、入り口で立ったまま、さて、ジェーンのことなど気づかないふりをして、いつものようにハーイといって入っていいものか、どうしたものかとまよった。しかし、おもいきって、「ハーイ」とぼくはジェーンの背中に向けて言った。ジェーンの背が、わずかに揺れた。ひたすら明るくふるまった。わざとフライパンなど派手に音をたてたりした。だが、いつもなら働いている時でも明るい言葉がかえってくるのだが、そのままだ。とにかくいつものようにコーヒーを飲みながら肉を焼いた。ジュジュージューと肉の焼ける音がやけに耳に付く。なにか言わなければと思うのだが、言葉がまとまらない。皿にステーキをのせて、口にいれた。なんともまずい。いつもなら二、三度噛《か》むとするりと喉《のど》をすりぬけてしまうのに、なんど噛んでも駄目だ。ぼくは白い壁に向かって座っているジェーンには声もかけられなかった。

次の日、ジェーンはもとの大学生ジェーンにもどったといいたいところだが、表情は陽気をよそおってはいたが、どこか沈んでいる。いつものようにステーキを焼いていると、黒人のボーイフレンドが、南アフリカのケープタウンを出国できずオーストラリアにこれないのだと言った。だから、オーストラリアの永住権を自分がとろうか止《や》めようか考えていると言った。どうしたらいいのだろうと言う。しかし、そんなことに答えを出せるほどの経験も哲学も、人生観にも乏しく、思考回路もない。どう答えていいか分からない。数日し、とにかく大学を卒業するまで永住権は取らないと言った。

ぼくは、途中、ニュージーランドへ出掛けた。滞在したその三週間以外、毎朝、この台所で朝食を作った。どれだけの枚数のステーキを焼いたろう。ときおりステーキを焼いたりすると、ぼくの青春時代の強靭《きょうじん》な胃袋をおもいだし、ジェーンが、その後どのような人生を歩んだのかとおもってしまう。

エアーズロックの朝食は、すがすがしい

オーストラリア＊エアーズロック（1982年）

ぐるりと体を回しても、土と空しか見えない空間に、そこにあれば、いくらか単調さをまぬがれるのではと、神様が置いた巨大な岩がある。

ヘンリー・ムーアの彫刻の偉大な存在感をはるかに越えている。自然がこんなにも芸術に近く美しいのははじめてだ。

ぼくは風景の写真をあまり撮らない。

自然のなかにいるのは好きだが、自然の造形にはあまり興味がないからかもしれない。しかし、この岩山は例外だった。その岩山は夕方になると刻々と変化し、岩が一瞬、燃えたかとおもうほど赤くなり、次の瞬間には紫に、そして巨大な岩は闇《やみ》に沈んでいった。

この単純な風景には魅入られてしまった。

これほど完璧な造形はないだろう。この砂漠のような空間にみごとに収まっている。これが一枚岩だという。

その岩の名前はエアーズロック。アリス・スプリングの南西450キロにある周囲9キロ、海抜867メートル、地上から342メートルの巨大な一枚岩である。

その岩の周囲の距離を知り、その回りを走ってみようという気になった。朝の五時に起き、一周したときのことを今でも鮮やかに覚えている。闇の中を走りはじめ、陽が登る瞬間、一匹のデンゴーが身を翻《ひるがえ》し、ぼくの目の前を走り去ったのを。

朝のエアズロの周辺は、昼の（秋は二十数度、夏になると三十八度以上に上る）気温がうそのように冷えびえとしていて、走る距離の長さもさることながら、その冷えびえとした乾燥した空気のせいで、胸がはり裂けそうになった。だが、どれだけの時間がかかったのか忘れてしまったが、その前日に、ホテルで食べたカンガルーのステーキとカンガルーのテール（尻尾《しっぽ》）のスープのせいか、エアーズロックの周囲を走りぬくことができるだろうと、冗談ともつかぬことを考えたのだ。

あまりのうまさにこれは本当にカンガルーの肉かと、ウェイターに聞いたら、そうだよ、間違いないよという返事だった。だが、上等な牛肉のようで、未《いま》だに不思議だ。あれほどうまいものなら繁殖しすぎたカンガルーを捕獲し、ドッグフードにする必要はないのではないか。もったいない。だが、そんなことをしなくとも、オーストラリアにはすごい数の牛が飼育されているから、わざわざカンガルーを食べる必要はないのかもしれない。

メニューにカンガルーのステーキやシチューなどがあれば、観光客なら興味がそそられる。それをみこしたメニューであろう。確か、日本でもカンガルーの肉をあつかっている特殊な肉輸入業者を知っている。一度、確かめてみたいとおもっている。あれが本当にカンガルーの肉だったのだろうかと。

エアーズロックの回りを完走した。その日の朝食はぼくが食べた朝食でもっともうまいものだった。

コップになみなみと注いだオレンジジュース。ベーコン・アンド・エッグ。これはコックが目の前で焼いてくれた。それにカリカリに焼いたトースト。コーヒー。ただそれだけだったが……。

もっとも素敵だとおもうリゾート地は、エアーズロックだ。

ある雑誌のインタビューで、もっとも天国に近い所はと聞かれて、エアーズロックと答えたほどだ。

朝の抜けるように青い空（黒いぐらいの青さ）の下で、いささか肌寒いが、外での朝食はすばらしい。まだ、蝿《はえ》も寒さで体を固くして飛んでこない。昼には目もあけられないような蝿の群れも、静かに寒さに震えているのだろう。

荒野にて

オーストラリア＊ティンピンヴィラ（1969年）

キャンピングカーの中に立ったまま、ウィスキーを飲んだ。

オレは四方をながめていた。右の窓、左の窓、前の窓。後ろの窓だけをのぞいて三方は完璧《かんぺき》な地平線だ。赤い土だけが見える。その赤土のところどころに、おそろしく貧弱な乾いたような草がしがみついている。ちょっとした林が見える。ユーカリだろう。

オレは午前四時に起き、撮影に出かけていた。もう、このティンピンヴィラのサンクチャリにきて四日目である。

オレは半年間、ヨットの撮影にかかりきりだった。終えると、今度は海よりも大平原で過ごしてみたいとおもった。ついでにカンガルーでも撮ってみよう。

そこで、キャンピングカーのレンタルショップで、オレを乗せキャンピングカーを引いて、カンガルーのいるところへ持って行き、放っておいてくれないかと頼んだ。男はカンガルーと聞いただけで腹を立てていたうえに、牽引《けんいん》する車は借りておくだけの金がないからいらない、とオレがいったものだから嫌な顔をした。何も知らない。物怖《お》じもしない。そんな年頃だった。

男は、こんなに忙しいのに行けるかといった。さすがにオレもカリカリきた。この計画を止《や》めようかどうしようかと考えあぐねた。すると、男は二日後ならどうかという。そうすれば時間があくという。

二日後、ガタガタのフォードに引っぱられ、オレは大平原に放り出された。

午前四時に飛び起き、暗闇《くらやみ》の中でジーンズをはき、ウールのチェックのシャツに皮のチョッキを着た。ブルッとふるえるほど寒い。ブーツをはき、カメラを一式かつぐと、キャンピングカーにとりつけた四、五段のステップをおりた。

夜明けの気配はあっても、まだ一つ一つの星はくっきりと光っていた。オレはまったく星座は分からない。その、まるでチンプンカンプンの星座のむれが、ふりあおがなくても真正面にのしかかるように見える。

林に向かって歩いた。どれくらい歩いたろう。背中の30キロは軽くある機材で体が汗ばんできた。もうすぐ夜明けだ。空と大地の間が、まるで肉を裂いたように暗赤色に染まってきた。

昨夜、キャンピングカーからみた時は、全行程をオレの足なら一時間と見ていたのだが、さらに一時間余計かかってしまった。透明過ぎる空気が、大平原の距離を目測する時にミスをまねいたのだろう。

二時間もかかって、オレは林の近くのブッシュの中に三脚を立てることができた。さらに一時間オレは待った。いない。カンガルーはここにはやってこないのでは、と訝《いぶか》った。しかし、オレはあせらなかった。

ブルーの靄《もや》のかかっている林の中へ目を凝らした。巨大な鼠《ねずみ》をおもわせるカンガルーが一匹動くのが見えた。

オレの心ははやった。600ミリの望遠をのぞくと、動きを鮮やかにとらえることができた。角度をふって見ると、何匹も頭を地に伏し草を食べている。

オレは何ロールか撮った。初日に熱くなってあまり撮ると、ろくなことはない。じっくり撮ろう。

オレはそれでも疲れていたのだろう。伸びをすると草の上に寝っころがった。

目が覚めると、二時間ほどかけてキャンピングカーのところまで戻った。そんなことを毎日くりかえした。

いつものように車へもどると、ステップのところに3リッターほど入る罐《かん》がおいてあった。こんなところに人などいるはずはないのに……。

持ってみると、振るまでもなく液体のゆれる音がする。蓋《ふた》をとってみると牛乳らしい。オレは罐を持ったまま、ちょっと考えてみた。毒など入れるやつもいまい。ちょっと口にふくんで、牛乳だと分かると一気に飲んだ。ひさしぶりの牛乳であった。うまかった。

おれは次の日撮影を休んだ。どうしても礼をいいたかったからだった。一日中、身の回りの片付けや整理についやし、時間をつぶした。だが、だれも現れなかった。

夕方になり、もう一つ気になることが起きた。どうも冷蔵庫の冷え方が少々おかしい。冷蔵庫の下の小さなノズルのプロパンガスの火はついているのだから、どうも変だ。どだい物を冷やすのに、火を点《とも》していることが、いまもって理解できないのだが……。

そして夜。ウィスキーを飲むための氷を出そうとしたら、すでにとけて小さくなっている。食べ物はほとんどが罐詰、瓶詰のたぐいが多い。それでも玉葱《ねぎ》、ニンジン、チーズぐらいの材料ははいっている。それにしても困るのは、3キロほどある牛肉と同量の豚肉である。何といっても撮影から帰って飲む冷たいビールが飲めなくなるのがイタい。

翌日、いつものように夜明けにでかけた。二匹のキツネを見た。お互いに体のうえを飛びこえ、横になり、じゃれ合いながら朝靄のなかにいた。その回りに二匹のキツネが食い散らしたらしい白い兎《うさぎ》の毛が散らばっていた。

その日は、何カットかよいカンガルーの写真が撮れて気分が高揚していたのだろう。牛乳を持ってきてくれた人のことを、すっかり忘れていた。

キャンピングカーのところまで近づいて行くと、若い男が一人、大きなオートバイの横に立ってオレを待っていた。ちょっと遠かったが、オレは大声で言った。

「ミルクありがとう。うまかったよ」

オレは握手をかわした。若い男はアーサーと名のった。

「二日ほど前にあんたを見かけたのでね。届けておいたのさ。なにか不自由していないか」

アーサーは言った。

オレは一週間ほど誰とも会っていないはずだ。訝《いぶか》っているとアーサーは、この草原をトボトボ歩いているのを見ていると言った。

後で分かったことだが、アーサーはこのサンクチャリの向こうの側の土地、とにかくヒコーキでなくちゃ回れないほどの広い牧場の主の息子であった。オレを見つけ、おどろいたといった。そして彼は心配になり、モトクロッサーでやってきて、牛乳を置いていったと言うのである。

オレはビールを一本進呈しようと、冷蔵庫の中をのぞいた。だが、やはりビールは冷えていなかった。

「こいつが、イカレちまったんだ。冷えていないや。一本進呈しようとおもったんだがね」

「それでもいいよ」とアーサーは言った。

オレたちはあまり冷えていないビールを飲んだ。

「冷蔵庫がダメになったんじゃ大変だろう」

アーサーは心配そうに言った。

「冷たいビールが飲めなくなるのが残念だが、まあ、しかたがないさ。それよりも肉がね」

「捨てちまえよ。ぼくが持ってきてやるよ」

「しかし、もったいないよ。まだ、腐っちゃいないんだ」

いくらオーストラリアでは肉は安いといっても、肉の塊を捨てるのはしのびない。

「塩を持ってるかい」

「ああ」

「コショウは？　肉に塩とコショウすりこんで乾燥肉を作ろう」

アーサーは肉を五等分にし、それから長さ15センチ、幅3センチ、厚さ1センチに切り、塩、コショウをたっぷりとふりかけた。それをハリガネに通し、車の外に洗濯物のようにぶら下げた。強烈な太陽と乾燥した風は五時間足らずで、肉の表面から艶《つや》を奪い、乾かしてしまっていた。触ってもサラサラしている。しかし、肉の内部は、弾力があり湿っているのが分かる。

アーサーは、夜は車内に入れるようにと言って帰った。日が落ちるとオレはそうした。

外に出しておくと、草原の小さな有袋《ゆうたい》動物や齧歯《げっし》類が、肉を狙《ねら》ってやってくるという。本当に指先ぐらいの齧歯類でも、昆虫やトカゲの類《たぐ》いを狙う食性があるから、出しておくとダメだと言ったのだ。だが、オレは一片だけ、キャンピングカーの先にぶら下げておいた。

外に出して干しているときは、たいしたことはなかったが、風の通らない車内では3キロの生乾きの肉はそうとう匂《にお》う。

仕方がない。オレはベッドにもぐりこんだ。

聖書（これしかなかった）を読んでいるのだが、ローソクの炎が揺れるたびに、天井にぶらさがっている肉片も揺れる。暗赤色の、いや、むしろ黒々と見える肉片が、洞穴から飛び出してくる蝙蝠《こうもり》のように見えてくる。

肉を乾かすなんてイメージを持っていなかったオレは、こんなものが喰えるようになるものかと、ペラペラな肉片をながめながらおもった。

オレは退屈な聖書を読んでいるうち、いつものように眠り、四時になると目がさめるというリズムを身につけていた。

ぶらさがっている肉片を四片とクラッカーとチーズを新聞紙に包みカバンに入れた。

朝、外に出ると、オレは肉片をさがした。アーサーがいったように小さな肉片は消えていた。

昼近くなり、気温が上がるとカンガルーは林の中に消えてしまう。いつもなら草の上に寝転んで一休みだ。腰をおろしたときカバンの中の乾燥した肉片のことをおもいだし、そいつをとりだした。まだ、それほど板のように乾燥はしていなく、やや湿りけもある。そいつを齧《かじ》り、まだ林の奥で動いているカンガルーをながめていた。いつもはクラッカーとチーズで少々空腹にたえて二時間を歩かなければならなかったが、肉片はそれを癒《いや》してくれた。水筒の水をガブガブ飲み、歩きはじめた。

キャンピングカーが見えてきた。その先の遠い地平線上に、ひと握りの砂塵《さじん》をあげながらバイクにのったアーサーがやってくる。

陽炎《かげろう》で、バイクが地上から浮き上がり飛んでいるように見える。オレはそのまま歩き続けた。

アーサーの小さな姿をみつけてから、バイクの甲高い轟音《ごうおん》がかすかに聞こえてくるまで十五分ほどかかったろう。

アーサーはバイクからおりると、持ってきた荷物をおろす。そして一つ一つステップのうえにならべた。牛乳、ソーセイジ、新鮮なトマト、ステーキ用の牛肉、そしてパンだ。アーサーが昨日、帰る前に母親が焼いたパンを持ってこようといった、その大きな田舎風のパンだ。オレはそいつをわしづかみにしナイフで切った。そのまま齧りついた。まったくひさしぶりのパンだ。焼きたての匂いが、草原にただよった。アーサーもナイフで切り食っていた。牛乳をがぶ飲みし、またパンに齧りついた。

しばらくしてステーキを焼いた。それもほとんど生に近い状態で喰った。

夜は火を燃やし、炎で、ソーセイジを木の枝にさして焼いた。アーサーもオレも、もっぱらソーセイジを齧ってはウィスキーをあおった。何杯も。何本も。

アーサーは先ほどから、昨夜、家にもどる前に塩づけにした豚肉を5センチ角ぐらいに切っている。切るとそのまま厚手の鍋《なべ》に、コショウとベーリーフをぶちこみ、コップ三杯ほどの水をくわえ火にかけた。

一時間ほどたって、鍋の中から脂《あぶら》がバチバチと音がした。

アーサーが言う。水がなくなって豚肉からにじみだしてきた脂で豚肉そのものがフライになっているのだと。弱火にし二十分ほどそのままにした後、火からおろした。そのままの状態にしておけば、肉が脂でつかり、十日ぐらい保《も》つだろうと言う。

オレはいつも撮影からもどると、朝食と昼を一緒にしたような食事をとっていた。その日以後、かならずといっていいほど、この豚肉をつかった料理にした。野菜と煮てシチューにしたり、脂と肉でごはんを炒《いた》めたり、カレー粉をいれカレーにしたりした。

アーサーは仕事がいそがしくなったらしい。この数日やってこない。

アーサーが届けてくれたおかげで、オレの携帯食品の罐詰などがかなり残った。

ある日、撮影を終え、いつものように十一時過ぎにもどると、おんぼろのフォードが停っていた。

おやっとおもった。約束はたしかあと二日はあるはずだ。なぜ来たのだろう。オレのことが心配になって、やって来たのだろうか。

だが、男はすでに、キャンピングカーの留め金などを外し、残っている水を外に流している。

オレは一瞬ムカッとした。

「まだ、二日あるはずだぜ」

「あんたを連れて帰るのは、今日しかないのだ。おれはクビになっちゃったんだ」

男はフォードにキャンピングカーを連結しながら言った。

「まだ、ここにいたければ、ここにいてもいいぜ。だが、オレは知らないよ」

オレは何かわめいた。

「とにかく明日からは何も知らないことになるんだ。おれだってほかのやつに頼んでみたさ。だが、ダメだったよ」

男はちょっと弱気な表情をみせた。しかたがない。引き上げざるをえない。カンガルーの写真は充分いいのが撮れている。だが、アーサーに何もいわずに行くのはしのびない。

「せめて夕方までまってくれないか」

オレは哀願するような気持ちで頼んでみた。昼まで来ないときは夕暮れ時なんてこともあったからだ。

男は両肩を上げ、両手を広げてとりあってくれない。

オレは鍋の中に一枚の写真をいれた。そして、キャンピングカーの停めてあったところにおいた。そしてそばの木におんぼろのジャージーをぶら下げておいた。キャンピングカーがみえなくてそのまま帰ってしまわないようにオレが着ていたジャージーを吊《つる》したのだ。透明人間になってしまったオレが首を括《くく》ったようにみえるだろう。

鍋の中のその写真は、オーストラリアに来るときに友達からもらったものだ。十五歳ぐらいの少女のポルノ写真だ。いつものように聖書の間にはさんでしおりとしてつかっていたやつだ。これといってアーサーに残しておくお礼がなかったのだ。

オレは写真の裏にJapanese girl is bestと書いて、オレのフルネームと住所を添えた。ほかにもっと書くことがあるような気がしたが、止《や》めた。

この話は、31年前にオーストラリアで半年間、ヨットの撮影で滞在した時のものだ。とにかく若かった時のものだ。自分のことをオレとしてあるのは若いときの気分をそのままにしたかったからだ。いささか恥ずかしいのだが、そのままにしておこうとおもう。この文章はオーストラリア滞在後十年たち「ブルータス」で書いたものであります。

島での朝食

フィジー＊ヴァトレレ（1996年）

島の村人の総出の短い「カバの儀式」が終わり、夕食のあと再び、このカバを飲んだ。

醸造食文化を持たないポリネシアンやミクロネシアたちの発見した飲み物だ。カバは胡椒《こしょう》科の木の根だ。その根を砕き粉末状にし袋に詰め、水を注ぎ絞ると泥水のようなものが流れ出てくる。はじめて飲むのには抵抗がある。鎮静作用がありアルコールと違い、飲めば飲むほど静かになってくる。カバを飲んでいて深夜におよび、寝たのは遅い。だが、カバを飲んだら熟睡できると言っていた。そのせいか朝は早く目が覚めた。

カバのせいだけではない。村中にいる鶏が競い合うようにコケッココーオオーと鳴くのだ。目覚ましなんかのような生やさしいものではない。張り裂けんばかりに声を

カバを飲めば飲むほど口数が少なく、静かになる。大きな男が静かに座っているのは、ちょっと不思議な光景だった。

ふりしぼる。ひさしぶりに鶏の声で目が覚めた。白いネットを張ったベッドの中でその声を聞いていた。子供のころに聞いてから何十年ぶりだろう。まだ、部屋の窓の隙《すき》間《ま》からもれてくる光も淡く弱々しい。ランプの火がゆらゆらと揺れている。この村には電気がないのだ。

蚊帳《かや》のようなこのネットのなかで眠るのも、やはり何十年ぶりだ。ふっと子供のころの朝の目覚めを感じていた。十歳ごろだ。短パンをはき外へ出た。朝の村の様子を写真に撮ろうとおもった。

鶏が、赤い鶏冠《とさか》をふりふり歩いては餌《えさ》をあさり、立ち止まり喉《のど》を膨らませ鳴いている。

痩《や》せた犬が走って通り過ぎる。

村の回りには人、犬、豚、猫、鶏、雛、山羊が一緒だ。犬が子豚を追っかけない。猫が雛を捕まえたりしない。

薄靄《もや》の中で貧しい家々が、静かに佇《たたず》んでいる。ほとんどの家は暗い。窓を開け、その向こうに人の動いている気配がある。ゆっくりと歩いていると、草の匂《にお》いが足元から匂ってくる。朝露のせいなのかとおもったが、黒いビーチサンダルや足に短く切った草がくっついている。もう朝からだれかが、草を短く刈ったのだろうか。

波の音が聞こえる。あまりに熟睡したので波の音は聞かなかった。静かなメトロノームのような規則正しい波の音が村を包んでいる。

人々が外に出てきて水を浴びはじめた。男もいる。女もいる。体からほとばしる水が光る。

老人が赤ん坊を抱いて歩いている。老人

の腕の中に小さな赤ん坊がタオルに包まれ頭を痩せた胸にあずけ、こちらを向いている。朝日を浴び眩《まぶ》しそうに目をしかめている。近づいていってシャッターをおす。老人は、ニッコリ笑う。ぼくは「ブラ」という。

村にいくつかある水道のところで野菜を洗っている女が蹲《うずくま》っている。五歳ぐらいの男の子が口のまわりを白く汚し、歯を磨いている。

寝泊まりする母屋《おもや》とは別に、どの家も料理をするための小屋のようなものを持っている。一軒ではココナッツの実を削っている。その小屋の窓や屋根の隙間からも青い煙があがっている。

フィジアン・タバコを吸っているばあさんと、しばらく立ち止まって話をした。英語を話す。

今日のロボつくりの話をした。

村中の人が、総出で作るというのだ。

二時間ほど村を回った。

ブラ、ブラと何人もと朝の挨拶《あいさつ》を交わした。よく眠れたかと聞かれる。よく眠れましたと答える。

やがて強い光が村を包んだ。

朝飯ができたと、ぼくが泊まっている家の主人が呼びにきた。

家に戻るとゴザのうえに料理が並べてあった。この家の子供たちもまだ、寝起きなんだろう、眠そうに待っていてくれた。

魚のカレー、ダロ芋の葉を細く切り、缶詰のコンビーフとココナッツ・ミルクをいれ炒《いた》め煮したもの。それにダロ芋。カッサバという芋。甘くないバナナ。甘いバナナ。水煮をしたパンの実が朝食だ。その料理の前に胡座《あぐら》をかく。するとこの家の主人が、お祈りをはじめた。かれらは敬虔《けいけん》なクリスチャンだ。おばあさんも子供も母親も目をつぶり、おやじの声を聞いていた。

アーメン。口々に唱えた。

それぞれの皿にダロ芋の葉の煮ものを入れ、ダロ芋をとりかぶりつく。腹が減っていた。朝からカメラを持って二時間ばかり村を歩きまわったのだから、こんな健康な状態で朝食につくのは久しくないことだ。空腹である朝は今までもしばしば経験していても、こんな人たちの間にいるなんてことは、そうあるものではない。

ダロ芋を、ココナッツ・ミルクで煮たダロ芋の葉の煮ものにひたして食べた。そしてダロ芋の葉をつまみ口にする。子供たちも小さな手で大きなダロ芋をつかみ齧《かじ》る。白い歯が眩《まぶ》しい。続けざまにダロ芋を食う。ダロ芋を口にするのははじめてではない。

数年前、スバの市場で魚のカレーと一緒に食べたことがある。その時、皿にもられたダロ芋は間違いなく1キロはあろうとおもえるほど山盛りだった。大食いで自信のあるぼくも（もし、若いころなら食べられたろうが）さすがに残した。だが、隣の男はもう一皿お代わりしたのにはおどろいた。身長190センチ、体重100キロは越えていたろう。その男の胃袋のなかにダロ芋が手品のように消えていったのを唖然《あぜん》として眺めていたのをおもいだす。

ダロ芋は米などに比べかなり栄養価もいいようだ。しかし、単独なら栄養的にはやや欠点はある。何と言っても脂肪や蛋白質《たんぱくしつ》が少ない。米などもその欠陥はおなじようなものだ。しかし、カルシウム、リンなどのミネラルやビタミン類は他の穀物より大量にふくまれている。とくに芋の澱粉《でんぷん》はきわめて粒子が小さく消化吸収がよいといわれている。とにかく、フィジアンは巨体である。ラグビーがやたらと強いというのも、このダロ芋のおかげだろう。

今朝のぼくは気分はおだやかだ。それに空腹だ。ダロ芋もダロ芋の葉の煮物も半分は食べたのではないかとおもうほどだ。だが、喉がイガイガしてきた。なぜなんだろう。喉がなにか変なんだけどと言うと、ダロ芋の葉を食べなれていないとちょっと喉がおかしくなるんだと言われた。

なんと巧みな調理法だろう。鍋、釜がなくともいい。穴を掘り、食材をバナナの葉で包み、焼いた石で蒸し焼きにする。

この村には孤独な老人はいない。しばしばこのような小屋に集まり、皆で昼食を一緒にしていた。

子供たちは、甘いバナナを食事の終わりに食べていた。おやじは、フィジアンにしては小食だ。輪切りにしたダロ芋を二、三個食べただけだ。

食べながらいろいろな話をした。おやじは農民だといい、しかも「貧しい農民だよ」といった。そういっても、この村では外見的には貧富の差はほとんど感じられない。家の大きさもさほど違わないし、家の中の持ち物も変わりはしない。人間が暮らしていくには、さほど不自由はしていないようにみえる。

フィジーは、海洋性気候で毎日のように降る雨と強烈な太陽に恵まれ、乾季と雨季はあるにしても、豊かな自然がある。陸の幸と海の幸にことかかないのだ。腹がすけば、畑へ行きダロ芋などを掘り、ちょっとおかずをとおもえば海へ行き、魚介類を漁《あさ》ってくればいい。文明の生活の虚飾や贅沢《ぜいたく》を求めなければ、大袈裟《おおげさ》な表現は使いたくはないが、地上に残された最後の楽園だろう。

「今日は、畑へは行かないでロボを作る」といった。

ぼくらのためにポリネシアン独特の、石を焼き、その上にダロ芋やパンの実や豚肉、魚などを椰子《やし》の葉やバナナの葉で包んだものをのせ、蒸し焼きにする料理だ。それをロボという。

「今日は、仕事を休んでいいのかい」というと、「週に、二日行けばいいのだ」といった。彼はダロ芋やカッサバを作っているらしい。ダロ芋などは収穫した後、切り取った芋の上部を、掘った穴にそのまま突っこんでおき一年ほどすると、おなじ面積なら穀物などの十倍の収穫が約束されている。ほとんど手をかけることもない。とにかく病虫害などにおかされることもないと言っていい。

パンの実も、この村の敷地の中に何十本もあり、鈴なりだ。木に登ればパンの実は手にはいる。バナナの畑も見せてもらったが、ジャングルのなかに自然に生えているという感じである。下草などは大きな鉈《なた》のようなもので気がついたら撥《は》ねる程度だ。熱帯の雑草に覆《おお》われている。

次の日の朝は、村の広場で村中の人があつまって、朝食をとることになった。ぼくらのために特別な朝食なのかと聞くとそうではなく、このようなことはしばしば行われるという。昨日のロボを作った後も、村中でこの広場で食べたのだ。かつて鍋《なべ》や窯《かま》のなかったころは毎日、共同で、石を焼き、ダロ芋やパンの実、カッサバ、甘くないバナナなどを蒸し焼きにしたという。それを皆で分け、食事をしたのだ。とにかく同等に分配し食事をするという風習は今でも残っているようだ。

屋根はついているが壁も囲いもないところに、ゴザが何枚も敷いてある。そこはあらゆる儀式やその他にも共同の作業場だったり、保育所のようなものでもあり、会議

市場にダロ芋が売られている。フィジーにはサラリーマンもいて、畑などない人もいる。芋、葉も食べられる。

場でもあり、食堂にもなり、老人たちの居眠りの場所にもなる。あらゆるコミュニティーの場所でもある。そこへ行けば話し相手はいるし、手助けもしてくれる。ここの老人や子供たちは、孤独やさみしさを感じることはないだろう。この村に寝たきり老人や放置された子供などはいない。赤ん坊などもだれかが抱いている。家に入り込んでいる子供が隣の子供であったり、入れ代わり立ち代わり入り込んでくる。そこに五十人ほどの大人たちとそれ以上の人数の子供たちが集まっていた。

朝食の準備が終わると、聖書の一節を読みお祈りがはじまった。

寄進は仏徒の証《あか》し

タイ＊バンコク（1984年）

　まっ黒な雨雲が西方より、あとからあとから流れ、空を埋めつくしていく。太陽が昇ってくるはずの空の下も染まってこない。雨季とはいえ六時でも、まだ暗い。天気さえよければ五時になれば明るくなってくる。鈍色《にびいろ》の空はやっと雨を支えているかのように、時の移ろいがあっても暗いままだ。それに連日の雨、遠くの寺院の金銀赤青の塔も降り注ぐ驟雨《しゅうう》の中にあるがごとく幽《かす》んで見える。

　雨が降ると托鉢《たくはつ》僧も街に出てこないという。

　国民の94パーセントが仏教徒であり信心深いといっても、寄進するほうも雨の激しく降りしきる日に、朝早くから外へはあまり出たくないという気持ちなのだろうか。やはり晴れ晴れとした朝に、気持ちよく功徳《くどく》を積むべく寄進をしたいのが人情だ。僧も雨の日に寄進をしいるのは心苦しいのだろう。

だが暗い空からは、まだ、雨が落ちてこない。昨夜、寄進すべく料理を料理屋へ頼んでおいた。それを受けとり、バンコク市内だけでも三千以上はあるといわれている寺院の一つ、ワット・ペンチャマポビットへ向かった。

朝早いとはいえ、すでに街中で働いている人々の動きがある。そんな街中をダイハツ・ミゼットを改造したサムロー、私設バス、人で膨れあがった大型のバスが走っている。自家用車もその中にまざっている。車は遅々として進まない。しかし、主幹道路だけだろう。とにかくここでおりて、歩いていけば、すぐだという。さすがに小さな路地に入ると起き抜けの子供たちや犬がいるだけだ。

軒の低いこの路地にも黄衣・チーオンをまとった若い托鉢僧が歩いていた。貧しい家から若い女性がでてきて、その僧に恭《うやうや》しく食べ物を捧《ささ》げていた。その行為をサイ・パートというのだ。合掌・ワイし、食べ物を僧の黒塗りの鉢・パアッのなかに一つ一つ入れるのである。

一軒の家が終わると、僧は黙って立ち去り、すでに外に待っている他の家の前にいき、再び、花や朝食のささげ物を受けとるのだ。

ぼくらは、大理石寺院とよばれている美しい塔・チェディの見える寺を囲むようにできている白い石塀の前についた。

托鉢広場・タクパート・クランサームだ。すでに五十人ぐらいの黄衣を身にまとった僧が数列にまっすぐに並び、朝食を捧げにきた人々の前にならんでいた。

仏の慈悲、慈愛、そしてタイ庶民の信仰の深さを見るおもいがした。が、そんな行為の様子に慣れないものには、いささか場違いなところに立っているというおもいのほうが強かった。だが、タイ人には永劫《えいごう》続くであろうし、続いてきた仏への献身の姿なんだろう。仏教への強い帰依《きえ》の証しだ。

タイ人の口をついて出てくるタム・ブンという単語がある。日本語にすると功徳を積むことによって来世の幸福や現世での幸福をえられるというのだが、ぼくの心の中に探そうとしてもみつかるものではない。功徳ということすら分からない。言葉の薄い膜なら、頭では理解できよう。しかし、タイ人のように僧侶《そうりょ》と信者の間に強い尊敬と信頼がなくてはとても寄進などできぬものだ。

ぼくには一体僧侶が寄進によってどんな食べ物を受けとるのか、どのようなものを日常食べているのか、どのように食べるのかという好奇心のほうが強い。

ぼくの手にしている籠《かご》には食べ物を入れたビニール袋がいくつも入っている。料理屋で昨夜頼んでおいたものだ。その籠を手にし僧侶がいるところへ向かった。すると頭を丸めた僧侶の群れがぼくの前を塞《ふさ》ぐようによってきた。ぼくは一瞬、ハイパント

若い僧たちは毎朝、寄進を受ける。寄進をすることが仏へ仕えるもっとも大切な行いだ。子供の頃から寄進に参加する。

ぼくもタム・ブンを積もうとおもい、いろいろな料理を寄進した。肉がいけないなんてタブーはない。合掌。

タイの朝は早い。欝金色の衣を身にまとった托鉢の僧侶が現れる。寺院の前に静かにならんでいる僧侶。そして寄進する人がやって来る。

のボールがこちらへ向かって高々と上がり、相手のフォアードが殺到してきたはじめての試合の日のことが頭をよぎった。それは相手と自分との「間に」恐ろしい圧力と沈黙の圧迫があった。そして、慌《あわ》てて、合掌し、教えられたようにまず、御飯を僧の鉢の中に入れた。そしてゲン（タイ風カレー）、生野菜、菓子という順に入れていった。入れ終わると、僧は無言のまま立ち去るのだ。すぐ目の前に、次の僧が立っている。合掌。布施。無言。それを繰り返す。五、六人の僧に寄進をしたろう。だがどの僧も寄進にたいし掌《てのひら》をあわすことも経の一つも唱えない。ただ頭も下げず、無言で立ち去るのだ。無言であったことにはじめは違和感があった。だが、寄進をしているうちに無言で立ち去るという行為がなんとなく肯定できるような気がしてきたのだ。寄進は行為としては一方的な善である。無言で立ち去ることで謝意がさらに醸成されて行くように感じた。

隣で寄進をしている中国系の顔をした色白の女性は、はいていたサンダルを脱ぎ、僧侶とおなじく素足であった。そのそばに立った五歳ぐらいの少女は母親とおなじようにて掌を合わせていた。

広場を天蓋《てんがい》のように覆《おお》っているのはただの静謐《せいひつ》だけだった。寺院の向こうの道を走る車のざわめきも、ここまでは届かない。そして飛び交う小さな鳥のチチチィチとなく声だけだ。

単純に施せ。これが仏心かもしれない。

黄衣をまとった僧侶たちの姿はもう見えなかった。

指の食感

タイ＊寺にて（1984年）

かぼそい右肩をだした衣をまとった僧が、丸い食卓のまわりに黙って座っていた。まだ、子供のような僧が多い。その向こうには年配の僧が、小声で何人かと雑談をしながら、食事がはじまるのを待っていた。

ただ、忙しそうにかけずりまわっているのは、寺男だけである。寺男は僧たちが、早朝から托鉢《たくはつ》してきたものや信者たちから寄進された料理を、食卓にのせていた。

一通りいきわたると、いきなり食べはじめた。ちょっと虚をつかれた。何の合図もなく食事がはじまったのだ。

ひときわ目だつのは、大きな竹籠《かご》にあふれんばかりの御飯である。こんもり盛りあげられ、一つ一つの食卓の側にある御飯は南タイの米とは明らかに違う。この東北タイの小さな村ではモチ米を蒸したカウニャンが主食である。寄進のとき御飯はほかの

タイ人は、一生に一度は仏門に入る。食事は肉あり、魚あり、なんでもありだ。しかし小食なのにはおどろいた。

料理よりも、もっとも大切なものとして黒いパアッ（托鉢）のなかにまず入れられる。

いきなり籠のなかのカウニャンを右手の指先でつまみ、まるめ、ゲン、カイなどの鶏《とり》、牛肉などの辛いスープのようなカレーをちょいとつけて食べはじめた。

ぼくはここに来るまで何度かカウニャンを食べていた。はじめてカウニャンに素手で触れたときは、不快感が指先からゆるやかにつたわってきたものだ。一瞬、抓《つま》んだ指先からなまあったかいカウニャンに、逆に、摑《つか》まれたような気分の悪さだった。箸《はし》でももらおうかと思ったが、それではせっかくの料理もだいなしだろう。やはり手で抓んでこそ、タイ料理だとおもいなおした。カウニャンはまだしも、ほかのおかずを抓むと、いままで経験したことのない触覚を味わうことになった。ヌルヌル。ゴツゴツ。ペタペタ。ズルズル。ギシギシ。クニャクニャ。これくらいの擬音だけで、触覚についての語彙《ごい》がない。ひょっとしたらタイやインド、インドネシア、マレーシアなどの素手で食事をする人たちには、何かもっと適切な語彙があるのかもしれない。われわれには食べ物の匂《にお》い、味覚についてはこまかく言い表すことができるが、触覚と味覚を結びつける言葉がない。

食欲を刺激するのにインド人やタイ人には、口の中の味覚だけではなくもう一つ素手で食べ物に直接触れるよろこびがある。食べ物に触れるという皮膚感覚が、くわわることは、より味覚を深く味わうことになるのではないだろうか。皿のなかの料理に触れるのは女の肌をベッドのなかでまさぐるような、しなやかな官能的な行為であるようにおもえてならない。

ぼくには鮮烈な行為であった。頭で想像していたよりも、快感がともなった。しかし、指を使うのは、現実の問題としては、米のせいだ。ジャポニカ米のように粘りのあるものなら箸を使うこともできるけれど、インディカ系のパサパサの米では、箸ではどうにもならない。おかしなほどパラパラと落ちてしまう。

箸を使うとすれば、イソップのツルとキツネがお互いに招待しあった食事のように、ほとんどお互いに食べることができないようになる。

手を使わないとどうにもならない。まとめるにはやはり素手が便利である。だが、どうカウニャンのようにもち米の場合はどういうことだろう。米がパラパラ説では、どうも矛盾してしまうが、ただそれも東北タイではバサバサの米よりもち米を食べるだけのことだ。

マナーとしては西洋では素手で食べることは、サンドイッチ、ハンバーガー、鶏、アスパラガス、小さな魚の類以外はない。ナイフ、フォークを使う。

東南アジアでは素手こそが、食事のマナーにかなっているのだから、ぼくらがとやかくいうことではなく、料理が食べやすく、おいしく食べられればいいのだ。それがもっともうつくしく、合理的なのだ。

若い僧たちは、腹のすく年ごろばかりであるのに、おどろくほど食べる量が少ない。皿のなかの料理も大半を残している。別に、まずいわけではない。自分たちが食べたものを残し、それをほどこすためである。それも厳しい修行である。だが、ちょっと首を傾《かし》げてしまうことがある。仏につかえる僧たちが口にしているのは、常識のようになっている精進料理とぜんぜん違う。鳥獣の肉など平気である。不許葷酒《くんしゅ》入山門などというようなものではない。韮《にら》、ニンニクをはじめ何でも使う。匂いの強烈な香草なども平気で使う。

一陣の風のように読経《どきよう》が、食堂に響いた。はじめは静かに、呟《つぶや》くようにあちらこちらからおこってきた。読経の声がまとわり綴《つづ》れてくると、食後のゆったりとした満足感にひたりながら、食の感謝と世の平穏を祈るように声はしだいに高まっていった。

そういえば、食事のまえは読経も、静かに手を胸のまえに合わせることすらしなかった。いきなりの食事。それがなんとも不思議でもあり、心の虚をつかれた。だが、考えてみれば、空腹のときの雑念の入った読経よりも、食後のほうが魂が入るものだ。なんとおおらかなことだろう。呆《あき》れるよりも感心した。自然である。

しばらくその読経を聞いているとどこからともなく声がとぎれていって、ぴたりと声がしなくなった。

一人の高僧が信者に向かって「さあこれを食べなさい」とでもいったのだろう。いきなりそういわれても、どうしていいのか分からなかった。

ぼくにもここへきなさいとでもいうように手招きをした。僧たちが食べた後で、彼らの残りを食べるらしい。いくらなんでも食べ残したものじゃないかとおもったが、これも仏に仕える僧と信者の一つの修行なんだろう。信者もそれぞれのところにすわ

信者から寄進されたものを僧侶たちが食べた。その後に、僧侶から信者に「食べよ」と勧めていた。

って食べはじめた。ぼくも今朝から寄進をした後、この寺へきて、僧たちが寄進されたものをどのようにして食べるのかとおもっていた。早朝にホテルを出てから三時間ぐらいはたっている。

ぼくも他の信者たちと一緒にカウニャンを右手に摑み手を動かしながら細長い俵形に握りゲンキョン・ワンにひたしながら食べた。

僧の施しで、そのカウニャンを口にした。熱烈に咀嚼《そしやく》し、唾液《だえき》と充分に混ぜ、じっくりと味わった。米の一粒の滋味が、分かるというものだ。やはりうまい。やはり素手がいい。ありがたい。たまには、貧弱な商業主義の飽食に踊らされず、本来のうまさと活力を肉体のなかにおしこめてみてはどうだろう。

おこわがよい。ただ、モチ米を蒸しただけのものだ。そして、若い僧のごとくごく少量の食べ物だけの禁欲的な食生活を何日かはこころみるのも悪くはないのではないか。

市場での朝食

フィリピン＊セブ島（1993年）

スコップで削っても、これほど見事に凸凹は作れないだろうと思えるほど道路は荒れている。土でも埋めればと思うのだが、土を入れようなんてことをしているところはどこにも無い。話によると、日本の戦後賠償協定で作られたらしい。まだ、数年しかたっていないのにガタガタのアスファルトの道路だ。アスファルトといっても、ウエハースのように貼《は》り付いているだけである。ただ土の上にアスファルトのピッチをホースのようなもので吹きつけただけだという。

完成して、車が走ったら数時間でひび割れ、二日目で剝《は》がれ、三日目でアスファルトが飛び散り、四日で凸凹ができたとは運転手のコンラッドの話だ。その道を砂塵《さじん》と黒い排気ガスを噴き上げ、コンラッドのボロ車が走っている。

そんな道路の両側に商店というにはあまりにも貧弱な店がまばらに見える。品物はごく少ない。店のまわりには、ぼんやりと路上に膝《ひざ》を抱くようにしゃがみ込んで、遠い空をただ眺めている男たちばかり目につく。そうしていても一日は暮れ、次の日がやってくる。しゃがみこんでいる男たちの顔からは、何をしてもどうにもならないという表情しか感じとれない。働きたくないというような問題ではなく、仕事が無いのである。多分まともに働ける男の二人に一人は完璧《かんぺき》に仕事がないのではないだろうかとおもえるほどだ。

フィリピンという国家は、一人の人間が、潜在的に働けるはずの男を二人か三人？も食べさせなくてはならないような状況だ。子供も入れればたいへんな数になる。働かないで、何もしないでいる男を見るほうが普通のように感じてくるから不思議である。だが、明るい。そんなことで悩んでいるほうがおかしいよ、なんとかなるさという気分なんだろう。

ぼくらが乗っている車はあらゆるジョイントが緩み、隙間《すきま》だらけである。車体のなかには容赦なく細かい土埃《ぼこり》が煙のように舞っている。ハンカチで口を押さえなくては息ができないほどだ。車がまき上げる埃で商店の品物も人も犬も子供らもうっすらと白い。

車の屋根は焼けるように熱い。少しでも、窓を開け、吹き込んでくる風をとり入れ

彼らは底抜けに明るい。大人も子供も一緒に遊んでいる。これから鶏でも捌くのだろうか。

たいのだが、それもとうていできない相談だ。たちまち砂塵を浴び白くなってしまう。しばらく辛抱して乗っていると、南国の湿度の多い空気に、果物が腐敗したような匂《にお》いが潜りこんできた。市場に近づいたのだろう。ゴミのなかに野菜のクズ、肉の内臓でも洗ったのだろう、赤い血の色をした汚水が流れ、ドブのように澱《よど》んでいる。はげしく照りつける太陽光線が腐敗を急速に促進するのだろう。ブツブツとメタンガスのようなものがあがっている。

アバラ骨を浮きあがらせた野犬が鼻づらを、わずかな餌《えさ》でも嗅《か》ぎだそうと、道路にこすりつけるようにして歩きまわっている。

裸の子供がいた。うす汚れたぼくの手のひらの大きさもないような小さなパンツを

パイナップルの正しい皮の剝き方だ。螺旋状に剝いていくと堅い目のようなところがすべて取り除かれる。

穿《は》いているが、ゴム紐《ひも》でも緩んでいるのだろう。小さなチンポコが見えている。

　五、六羽のまだ黄色いヒヨコをつれた鶏が、車の前を平気で横ぎった。コンラッドは慌《あわ》ててブレーキを踏んだ。軋《きし》んで止まった車の前を鶏の一家は、体を左右にゆすりながら走り抜け、ゴミの散乱している道の端へたどりつき、足でゴミの山を蹴《け》り、さっそく餌を啄ばんでいる。

　止まったついでに、そこで車を下りて100メートルほど歩いた。すると、その一角だけナイフで切りとったような清潔な店がならんでいた。それは店のたたずまいのせいではなく、チューブから直接絞り出したような鮮かな色彩の果物のせいだった。

　カメラを向けると浅黒い肌の少年や少女

たちの唇から白い歯がこぼれた。いささか憂鬱《ゆううつ》であった先ほどまでの気分がほぐれた。それに汗ばむような気体のなかに流れているマンゴスチィンやバナナやパイナップルが発する甘く新鮮な匂いのせいもあろう。今朝からはじめて何かを食べたいという気分がした。朝食はとっていない。

マンゴスチィンは、黒みがかった紫色の皮を被《かぶ》った中に純白の実が並んでいるのだ。東京のデパートでたまに見かけることがあるが、一個1000円という文字におどろいたことがある。卑《いや》しい感覚が働き、二十食えば2万円かとおもい、二十個ぐらい買う。それでも300円ぐらいだ。こいつはホテルへ持って帰り、冷蔵庫で冷やしてから食べよう。冷たくなった純白の実から、その姿ににつかわしい清純な果汁と匂いがするのである。それにしても、喉《のど》が渇く。

あたりまえだろう、これだけ汗が流れれば……。目の前で黒く堅いところを切り取るために厚い皮を剝《む》き、螺旋《らせん》状に削っている少女からパイナップルを買った。パイナップルを下の茎のところまで切らず、途中で刃を止めて、縦に八つぐらいに切ったやつを食べた。口から顎《あご》にかけ、汁が流れた。小振りだが完熟したパイナップルは甘く喉の渇きを癒《いや》してくれるだけのみずみずしさがある。口をぬぐっていると、バナナを買えとその隣の少年と男が言う。しかし、そんなに食べられない。手を横に振ると、少年と男はハハハと二重唱のように声を揃《そろ》えてみじかく笑った。

口のまわりにパイナップルの匂いを感じながら、来た道を戻るように市場へ向かった。

いくつも継ぎたして広げていったのだろう、奇妙に増殖したような建物である。肉を売っている一角があり、魚、野菜とそれぞれの地域があるはずである。

道に面したところからいくつか中に入る通路があり、その道路に面したところに、同じような料理を出す店が並んでいる。食堂といってもガタピシの椅子《いす》とL字やコの字や直線になった長いカウンターだけで、ただ屋根があるだけがめっけものという店ばかりである。激しいスコールでも降れば、軒の下の長いカウンターも椅子もずぶ濡《ぬ》れになるだろう。この数日は雨らしい雨は降っていないが……。

どの店にも調理ずみの煮込み類が、四角いホーローびきの入れものや鍋《なべ》に、脂《あぶら》をギトギトさせて入っている。脂ぎってはいても、他の東南アジアの料理のように無数の香辛料を使い、見るからに舌が痺《しび》れてくるような赤やグリーン、黄色といった液体ではない。肉塊を煮こんだような茶褐色のスープがほとんどである。

野菜料理よりも肉料理が多い。フィリピン人は東南アジアでは比較的野菜を食べないといわれている。摂取する量が少ない。どの国でも一つや二つ他の国に自慢できる

肉料理は、カラマンシーのような柑橘類、酢をいれる。腐らないようにするのと、食欲をそそるようにするためだろう。

テーブルの上にのっている料理をかってに持っていき、食べる。熱々の料理なんてない。外気と同じ温度。

カリカリという名前の料理だ。煮汁は赤いが、全然辛くない。

ようなすばらしい野菜料理があるものだが、今まで食べてきたフィリピン料理のなかにも、これはすばらしいと唸《うな》るような野菜料理はなかった。

目の前にならんでいる料理を見ていても、ぼんやりとした味覚が多い。それは、スペインの統治がかなり影響を与えているようにおもえる。もちろんスペインよりも、中国の影響がある料理がかなりの皿数になるはずだ。スペインにしろ、中国にしろ、フィリピンという国とみごとに融合してすばらしい料理を作りだしていると言いたいところだが、どちらも中途半端《はんぱ》であるといっては、フィリピン料理に悪いだろうか。ところどころにスペイン風の影響が見られるぐらいで、二つの国の味覚が融合し完璧に成功したとは言いがたい。

昨日の朝はホテルの近くの屋台で粥《かゆ》を食った。これは明らかに中国の影響がある。モツ入りの粥を食べた。アルスクルド・ルガオがあった。小さく切ったいろいろな内臓が入っている。内臓の匂いはあまりしない。聞くと内臓は長時間茹《ゆ》でた後、もう一度、みじん切りにした玉葱《ねぎ》と炒《いた》め、それをモチ米と長い時間煮るのだと言った。その粥を丼《どんぶり》にいれ小口切りの葱、スライスしたニンニク炒め、切った厚揚げの豆腐の薄切り、牛の耳を甘辛く煮て細く切ったもの、その他にどんなものでも目の前にあるものは何でものせている。また鶏肉《とり》入りのゴト・ルガオがあり、それも明日は食べてみたいと思っている。

フィリピンの料理については、いささかあいまいであり、偉大な継承がないといってもいいだろう。どこかで何かの不純物が混入され醸造がうまくなされていないワインのようだなどと、目の前の料理を口にして考えていた。

フィリピンは一種類の材料だけを使って料理を作ることはない。まあ、今、食べた御飯と焼き魚は単品であるが。もう一つのアドボは何種類かの材料が混ざっている。たいていの料理は、複数の材料で構成されている。豚肉と鶏肉が一つの鍋に入っていても別におかしくない。

今朝はプチェーロをたのんだ。このプチェーロ（もともと日曜日の礼拝の後、昼食時に食べたり晩餐《ばんさん》に食べる立派な料理）は、明らかにスペインで食べたコジドにそっくりである。材料を何種類も使うのもスペイン統治時代の遺産の一つだろう。牛肉と豚肉、鶏肉、エンプチェードという香辛料の入った、これもスペインのガランチィナに似たソーセイジとトマト、薩摩《さつま》芋、キャベツ、ガルバンゾー豆、人参、玉葱などのいろいろな野菜が入っている。ほとんどどろどろに溶けている。表面は赤と黄色い油の斑点が浮いてギトギトで、肉も豚の皮や肉塊も煮崩れている。それをスプーンで啜《すす》る。ニンニクの匂いがする。だが、唐辛子がふんだんに入っていたり、香辛料の匂いのあるような他の東南アジアの強烈な個性はない。かすかに酸味がする。フィリピンの料理は、とくに何かというと柑橘《かんきつ》類の酸味の強いカラマンシーを入れる。

御飯とその他にアジのような魚を油でカラカラになるまで揚げたものが積んである。それを一尾食べる気になった。その皿にカラマンシーとバゴーンが一緒に出て来た。回りにいる男たちは御飯にバゴーンとカラマンシーを絞りかけて、掻《か》き混ぜて食べていた。バゴーンは小魚と小エビと塩を混ぜて数週間から数か月発酵させどろどろになったものだ。そのほかにパティスというナンプラーのような透明な魚醤《ぎょしょう》がある。揚げたアジのような魚にバゴーンをかけ、御飯とまぜて食った。なかなかうまい。

塩漬けした魚、それにスモークした魚、干物。それにしても売る人の多いこと。客と同じくらいだ。

このバゴーンと御飯だけなんていう子供たちゃ大人もいるのだ。これがもっとも貧しい食事ということになろう。回りの数人の男たちも揚げたソーセイジか酸味の強いアドボの汁を御飯にふりかけてもらい食べている。肉や野菜の具がのるとちょっと高くなるらしい。だが、彼らは御飯を山のように盛り食べている。彼らは片膝《ひざ》を椅子のうえにあげたり、肘《ひじ》をついたり、唾《つば》を吐いたり、あまり行儀がいいとはいいがたい。よほどおかしいのか涙を流さんばかりにわらいころげている。タガログ語で話をしている。

　四角く囲まれたカウンターの後ろの太ったおばさんはまったくいくら騒ごうと無視したように、ウコイという日本の天ぷらの

市場の中の食堂だ。すでに料理したものを並べ、客は好きなものを、一皿に盛り合わせて、御飯と一緒に食べる。

ハロハロ。何ともケバケバしい南国らしい派手な色だ。冷たく甘い。大丈夫かなァとおもいつつ、なんどか食べた。

ようなものを揚げている。ここは朝早くから深夜まで営業しているのだと、コンラッドはいった。ときおり朝食を買いにくる。すべてビニール袋にいれてしまう。学校へ行かなければならないような子供たちもこの市場で働いている。

一人の男が右手と左手の親指と人差し指で四角い空間をつくり、目の前のカウンターのなかで調理をしているおばさんに示した。いったい何だろうとおもったが、これが勘定をしてくれという合図である。60ペソぐらい払い、ガタピシの長い椅子を立った。

この市場の建物のなかで営業できない人たちは、道の両側に、魚やバゴーン、パティス、塩、奇怪な造形の果物、野菜を道路を塞《ふさ》ぐように並べ、前に出たらそのぶんだけ売れるのではないかと露店を迫《せ》り出している。

品物が豊富にあふれているというのではない。人があふれている。一人の商売ではごく貧弱なものだ。カメラを二台持ち、その露店のあるところへ行った。

人が通れるほどの空間があれば、もう一つの露店がその空間を占めてしまうだろう。老婆《ろうば》から子供のような少女まで、狭い空間にせめぎ合い、いろいろな物を売っている。いままで何度も撮影してまわった東南アジアの市場でも、騒々しさと同時に風が吹き抜けるような軽い空間があった。それは物理的空間というよりも、心理的空間といったほうがいい。いずれの市場も人人物物で埋まっているものだ。

汚れた床の血を流そうと、バケツから水を撒《ま》いていた。つぎつぎに流されていく汚水が、裸電球に光り流れていく。さすがに気持ちのいいものではない。肉売り場をすぎると、入り口を出てホッと息をつけた。

そこに魚をスモークしたものがあった。ティバナである。どこの市場や露店でもよく目にするものだ。雨がふっても日が照ってもおかずといえばティバナとディリスだとフィリピン人を嘆かせるものだ。日本なら、明けても暮れても、いつもいつもメザシだと嘆くような気分にさせられる食べ物なんだろう。もっとも安い食べ物。やはりイワシのように小さな魚が多い。茶色に燻製《くんせい》され、それから塩づけされたような味の濃厚さを感じさせる。塩漬けが後か先かは別にして、べっとりとしている。残念ながら食べるチャンスがなかったというより食べようとする気持ちが起こらなかったのか、食べ忘れてしまった。

外の強い太陽光線でクラクラする。外へ出て市場の軒の下を歩いていると、コーヒーを飲ませたりするところがある。食後のコーヒーにでもするかとおもった。色とりどりのジュースがあり、原色のケバケバしい菓子があり、その菓子に負けないぐらいの色彩の混合した食べ物が、口がチューリップのように開いたガラスのコップに入っていた。コンラッドに「あれは何という食べ物か」と聞くと「ハロハロだ」と言った。おもしろい名前だ。コーヒーは止《や》めて、食べてみようとおもった。コンラッドもこれはうまいんだと言った。紫、黄、赤、ピンク、白とさまざまな色彩のものが入り混じってガラスのコップに入っている。それをガラスケースから取り出すと、その上からかき氷をたっぷり入れ、そして、濃いミルクをかけていた。

なんと華美というか、下品なと言いたいような食べ物である。

グラスにぴったりと張りついている紫色のものは、薩摩芋の一種であるらしい。黄色は何かの豆、ピンク色の半透明な粒はタピオカ、白いものはココナッツ・フレーク。白く粘っている液体は、ココナッツ・ミルクだろうか。それをコンラッドは、長い柄のプラスチックのスプーンで上へ下へとかき混ぜている。僕もくちゃくちゃに混ぜたやつを口に入れた。つめたくてうまい。ふっとなつかしい味がする。甘味は強いが、悪い味ではない。ココナッツ・ミルクとおもっていたのは練乳であった。もちろん昔はココナッツ・ミルクであったろう。

コンラッドはハロハロってのは「混ぜる、混ぜる」という意味であるといった。なるほど。なかなかいいネーミングだ。単純でいいし、音がいい。ハロハロ。これなら一度で覚えられる。

朝から甘く冷たいものが猛烈に食べたくなるのは、フィリピンのうだるような気温のせいだ。シャリシャリとした氷と歯が溶けそうな甘さで頭がいたくなるほどだが、朝食の仕上げをしていた。

ルママカン（大衆食堂）で働く男たち

インドネシア＊パダン（1994年）

朝の五時から調理の準備をしていると言う。いくらインドネシア人は朝が早いとはいえ、本当にそんな時間から厨房《ちゅうぼう》に立ち調理をはじめるのか、いささか首を傾《かし》げてしまう。しかし本当なのかというとペラヤン（ウェイター）が真顔で時計の文字盤の5のところを指さした。で、こちらは眠い目をこすりながら、五時に店の前に来たわけである。あたりはまだ暗い。店の正面のドアは閉まっている。ちょっと押してみたがかすかな隙間《すきま》はできるが、開きはしない。いちおう戸締まりはしてある。それにその隙間の向こうは暗闇《くらやみ》だ。どこかに裏へ通じる道がありそうなものだろうと入り口を探した。人影はない。

店のほうからいきなりコケッコーコーと鳴く声だけが闇のなかで響いた。するとさらに遠くの方から、おまえの声なんかに負けないぞとかえってきた。ひさしぶりに聞

トランプの手品のように両手にいくつの皿を持っていけるかをペラヤンは競う。これがパダン式だ。

く鶏の声だが、なんと弾力ある声だろう。この店で使う鶏を仕入れ、しばらく飼育しているのだ。死んだ鶏など使わないのだと言った昨日の話を思いだした。そして、パサール（市場）でも鶏は生きたまま売っている。客はさんざんいじりまわして肉付きを確かめ、太ったやつをみつけると足首を藁《わら》でくるくると巻き、鶏をぶらさげて歩いて行ったっけ。その鶏の声のするほうへ歩いていくと、小さな家と家の間に細い通路があった。手探りで入っていくと暗闇のなかで一部屋だけに明りが灯った。その光のするほうへいくと、窓が開いている。

六畳ぐらいの部屋の壁の左右に寝台車にあるようなベッドが三段あり、十人ぐらいの男たちが、そのベッドや床に民族衣装のサロンを頭からすっぽりかぶるように眠っていた。異様な風景である。すべての男が独身なんだろうか。家には帰らないで、働いているのだろうか。家族はいるのだろうか。すべて若い男ばかりでもない。家族があっても当然という年齢の男もいるはずだ。

電灯を灯した男だけが、ポツンと立っている。こちらを見ていないらしくぼくに気がつかない。大きなあくびをしている。しばらくするとサロンを捲《まく》るようにして一人が首を出し、眠そうにこちらを見ている。ちょっとおどろいた表情をした。顔を手でこすると起きてきた。

その男が立ち上がると、人の起きる気配を感じたのか一人、二人と男たちも起きてきた。男たちはサロンを腰に巻きなおし、マンディー（水浴）のためにフラフラしながら歩いていった。昨日、会った調理人とペラヤンたちである。軽く手をあげて「スラマット・パギ（おはようございます）」と言ってとおりすぎていく。まだ目はさめてはいない。体がフラフラしている。すべてが「シンパンラヤ」という店で働いている男たちである。マンディーを終えたらさっきの寝ぼけた顔がうそのようにスッキリして、厨房へ入っていった。

一人だけ、庭の真中の囲いの中に入っていき、突然、膝《ひざ》を折り、ひれ伏したり、立ったりしている。多少、明るくなってきた空に微妙な抑揚をつけたコーランが朗々と流れている。この地方の人口の八十数パーセントがイスラム教のはずなのに、たった一人だけしかお祈りをしていないのはどうも解《げ》せない。本来の数からいえば七、八人であってもおかしくないはずだ。他の人は、なぜお祈りをしないのだろうか。サボっているのだろうか。

厨房に入っていくと、各人の仕事の分担があるらしく、縦3メートル横5メートルぐらいのカマドに火をおこすために小さな枝や木片を積み上げて火をつけていた。火が大きくなると1メートルほどの薪《まき》をくべた。しばらくすると派手に炎をあげはじめた。小さな裸電球だけでは、むしろ炎のほうが明るいぐらいで、薪をくべている男の影が大きく壁に映りユラユラ動いていた。すぐそばでは大きなダンダン（釜《かま》）に水を注ぎ、米をもう一つの竹で編んだククサンに入れ、蒸しはじめた。これも何十キロも入るぐらい大きなものだ。子供がすっぽり入るぐらいはある。途中に上の方の米が乾かないようにしばしば水を振りかけていたが、蓋《ふた》を開けた時は、まるで蒸気機関車のように湯気を大げさに噴きあげていた。あたり一面に米の甘い香りがした。日本で上質の米は粘りがあり匂《にお》いのあまりしないものだが、インドネシアや東南アジアでは、粘り気のない、しかも香りの強い米が好まれている。いい匂いだ。

一人の男が入ってきて、こちらへきてみろと手まねきをした。外はかなり明るくな

近代的な衛生感覚からするといささか厨房としては汚らしい。しかし調理法を見ていると雑菌など死滅してしまうと思わせる。

っていた。さきほどいやに丁寧にナイフを研いでいた男が、目の前で鶏の首を摑《つか》むと横にナイフを動かした。鮮血が首を流れる。また一羽の鶏を摑まえるとおなじ動作をくりかえした。葱《ねぎ》でも切るようにさっとナイフをいとも簡単に横にひいた。そのたびに鶏の首から鮮血が流れ、羽根を一、二度、痙攣《けいれん》させるがなかなか死なず土のうえでもがいていた。

イスラムでは動物の血は徹底的に外へ流してしまう。他の国のように血を固めて料理に使うというようなことはしない。もう一度、厨房にもどりココナッツを割りココナッツ・ミルクを絞り出しているところを見て戻った時には、二十数羽の鶏が、男の足元に転がっていた。すでに何羽か毛を毟《むし》られ裸になっている。その手際《ぎわ》のよさにはおどろいてしまう。

厨房の中にも薄い光がさしてきた。明るくなったのだが、ここが料理をするところなのかとおどろくほどである。お世辞にも清潔だとはいえない。大量のココナッツ・オイルを使うのだろうし、薪から出る煙もあろう。すべてが黒びかりしている。土がむきだしのままの土間も水牛の背中のようにテラテラ光っている。ココナッツ・ミルク、ココナッツ・オイルがしみ込んでいるのだろう。

マンディーをおえたチーフのブユン氏も大釜の前で調理にかかっていた。まず、棚のうえから昨日つくっておいた煮物のグレ・サピを大釜に入れ煮はじめた。グレ・サピの香辛料の匂いが満ちてきた。

その料理を運ぶためにすでに待っていたペラヤンが、できあがったばかりのグレ・サピをレストランの方に持っていった。

つぎに、チャベ・デンデン（干し肉）を揚げるのだ。大きな鍋《なべ》は直径は80センチはあろう。その中にココナッツ・オイルをいれると薪を一本たし籠《かご》の中の板のように乾燥した水牛の肉を入れた。油がたぎり青い煙が上る。

棚には香辛料や調味料が無雑作に積んであり、ブユン氏はそこから、赤いサンバル、サンタン、ラワンサラム、リマオという聞いたこともない香辛料をつまみだすと、サ

さまざまな香辛料を巧みに使い分けていた。鶏肉は皮は剝き、ブレンドした香辛料に漬けていた。

レという平べったい石臼《うす》で砕き、すでに熱していたココナッツ・オイルに煙があがると、その香辛料を入れた。強い香りが立つ。よく混ぜ、炒《いた》め、大きな缶のなかにあるココナッツ・ミルクをヒシャクで二杯入れた。

グラグラ液体が動きだし、しばらくすると黄色の液体の表面に透明な油の波紋が浮き上がってくると、すでにゆがいてある牛の胃袋を入れしばらく煮ていた。つぎの料理の準備をしながらもタイミングよくなんどもかき混ぜている。その料理もペラヤンが運んでいった。料理をつくっていても鶏のコッコッと騒ぐ音がしている。

鶏は皮を剝《む》かれ、バラバラになって平べったい籠に山のように積まれて、ブユン氏の目の前に持ってこられた。やや大きめに切り分けられた鶏肉《とり》はパール・ピンクに光り、いかにも食欲をそそられる。ぼくらがいつも口にしているような白いブヨブヨした病的な肉質ではなく、筋肉の束が浮きあがっている。しかし、朝、コケコーと鳴いていた鶏であるとおもうと、ちょっと変な気持ちである。ぼくは別にかわいそうだと同情しているのではない。なんだか奇妙なブラックユーモアの絵を見たような気分になっているというだけである。

ブユン氏はサレのうえにショウガとニンニク、ターメリック、ココナッツ・ミルク、トラッシー、クローブや後は名前も知らない香辛料を、これも手摑みで乗せゴシゴシと擦《こす》りはじめた。トロトロの液状のソースができあがると、鶏肉にそれをまぶしていた。これが昨日、食べ感激したアヤム・ゴレンである。

ココナッツを割りココナッツ・フレイクを削り出し、籠のなかが山のようになると大きな布の袋に入れ、桶《おけ》のなかに水を入れ、体重を掛けるようにし、洗濯でもするように揉《も》んでいる。澄んでいた水が白く濁り濃くなっていく。なんといってもインドネシアをはじめ東南アジアは、フランス料理の生クリームのようにココナッツ・ミルクが調味料の主役になる。そうとうな量のココナッツ・ミルクができても、まだ、同じように作りつづけていた。大釜のなかの油がたぎってくると、香辛料につけてあった

こちらはたっぷりの水で炊く。沸騰してきたら、その汁をポイポイと捨てる。このような笊にいれ余熱で蒸していた。

鶏肉を手づかみで入れた。池に手榴弾《しゅりゅうだん》でも投げ込んだように激しい音がし、油が盛り上がった。このアヤム・ゴレンを運ぶために、他のペラヤンが待っている。別に合図をするわけでもないのに料理を作る時間や順番が決まっているのだろうか、じつにタイミングよく現われるのだ。鶏肉を油から取り出すとペラヤンはそれを持っておなじようにレストランのほうに歩いていった。また、もう一人のペラヤンが待っている。大きな椰子の葉で編んだ籠を持ち、米を蒸している釜の前で待っている。鶏肉をバラしていた男が、大きなヒシャクのようなもので蒸した御飯を掬《すく》っては籠に入れていた。湯気が激しく上がり、山のようになった御飯は一人では持って行けないのだろう、さらにもう一人の男がやってきて二人で運び出そうとしたら、男はドナった。ペラヤンたちは、また、籠を釜の側《そば》に置いた。まだ、米が釜のなかに残っているとでも言ったのだろう。ヒシャクに一握りの御飯が残っている。やはり米を大事にしているのかと感心もした。

ブユン氏はインドネシア語でいろいろと説明してくれるのだが、こちらはさっぱり分からない。ただ料理を作っていく手順をカメラに収めるしか手がない。料理というものは、見ていれば分かるものだが、それでもその料理にまつわる話など聞きたい。だが、言葉が分からないのにはつらいものがある。きっといい話がぶら下がっているのだろうに……。

一流の料理人の手捌《さば》きや工程にとどこおるようなところはなく流れるように進む。そして仕事の過程でも不思議と清潔感があるものだ。サレでさまざまな香草を潰《つぶ》し擂《す》り捏《こ》ねていても、それぞれ一つ一つに固有のリズムがあった。遅滞なく進む一通りの料理を作っているところを撮り、レストランに戻り、出来たばかりの料理を食べることにした。とにかく朝の五時から何も食べていないのだから空腹で眩暈《めまい》がしそうなくらいだ。もう十一時に近い。

料理の手順など見ていると、出来上がった料理の味のほうもよく理解できるという

料理ができるとペラヤンは運ぶ。ホーロービきの洗面器ではないかと思うような入れ物にいれてある。

ものだ。

つぎつぎと先ほど調理していた料理が並んだ。蠅《はえ》がさっと飛んでくる。蠅をときおりはらいながら食べはじめた。それを見ていたペラヤンがきて蠅をはらってくれている。ぼくはそんなことにあまり神経質ではないからわざわざいいよと言っても、暇だからというように付ききりで蠅をはらってくれていた。するとブユン氏がやってきて、ぼくがだまって食べているのを見て、無表情のまま、また、厨房にもどった。

明日はパダン料理のルーツであるブキティンギへ行ってみようとおもった。もっとパダン料理を理解できるかもしれない。ブユン氏をはじめ、ここにいる連中はブキテインギ出身だといっていたからだ。

たらふく食った。ぼくは、もう音程の定まらないアクビとゲップをくりかえしてばかりいた。

目の前には食べ散らかした皿が何枚も転がっている。いささか不作法な食べ方であろう。

頭の上の扇風機がゆらゆらと廻っている。フワリフワリと落ちてくるかなり強い風圧でも、生暖かい風ではとうてい汗などひいてはくれない、つぎからつぎへとふきでてくる汗をふきながら顎《あご》をあげていた。空飛ぶ絨毯《じゅうたん》に乗ってホテルに帰りたい。歩くのも億劫《おっくう》だ。外はここよりも強い日差しでかなりあついだろう。頭は朦朧《もうろう》としている。ブキティンギへはどのような方法で行けばいいのか、どれくらいの距離があるのか聞くつもりでいたが、それも面倒になってきた。

他のペラヤンがやってきてしきりと喋《しゃべ》るが、まったく分からない。そんな句読点のないような言葉の中で、一つの単語だけが拾えた。エンナ・うまかったかという言葉だった。ぼくはその言葉を繰り返した。

うまいにきまっている。この散らばっている皿をみれば分かるだろう。一人で食べるような量ではなかった。四、五人分ぐらいはあったろう。

その洗面器のようなものに調理済みの料理を盛り上げ、外から見えるようにしている。さて、なにを今日は食べようか。

蝿をはらってくれていたペラヤンは、皿を片付け厨房へ持っていった。広々としたテーブルのうえで両手を投げだした。

すべての皿の汁、油、香辛料がこびりついている右手の四本の指に一匹、二匹と蝿がたかっている。蝿はしきりとぼくの指をなめている。ぼくはその手を動かすのも面倒になっていた。

手で蝿をはらうペラヤンがいなくなるとテーブルのうえにこぼれたソースや骨のうえにつぎつぎと蝿がたかった。テーブルのうえのこぼれたソースに足を滑らせ溺《おぼ》れているどじな蝿もいる。もう一つのやや大きめなソースのプールでもがいている蝿もいる。ソースに飛びついた瞬間、上からの扇風機の圧倒的な風で蝿はあたかも強風に煽《あお》られたヘリコプターのようにソースのなかに墜落してしまったのだ。どろりと鬱金《うこん》色のソースが羽にからみついていた。

モハメットの妹の屋台の朝食

マレーシア＊クアラルンプール（1997年）

やや下り坂の道を入ると団地の一群が、コの字型に広場を囲んでいる。その広場にそって道があり、その両側に屋台や露店が二十数軒並んでいた。広場の角に車を止め、カメラのカバンを担《かつ》いだモハメットが先に案内するように歩いていった。

朝から休日でもないのにいい大人がのんびりと、朝食を食っている。娘たちもプラプラ歩いている。

広場には耳を聾《ろう》するばかりのマレーシアの曲が流れていた。マレーシア、東南アジア系、アメリカ、イギリスなどの音楽のカセットがずらりと並んでいる露店の前のスピーカーからだ。そこまで来ると、カセットを売っている男にモハメットは、ぼくのことを紹介した。ぼくは手を上げ会釈《えしやく》をした。

ぼくはつぎからつぎへと、会釈をしなければならない。このあたりはどうもモハメ

バナナの葉の皿はもっとも清潔だ。毒など盛るとすぐ化学変化をする。それに捨ててもすぐに土に還る。

ットの顔がきく地域らしい。ほとんどの人と知り合いのようだ。そのモハメットが会釈をし、何やら話をしているのに無愛想につっ立っているのも彼の顔をつぶすことになろう。こちらも笑顔で応対していた。

ある屋台の前までくると、妹だといった。ぼくも挨拶《あいさつ》をした。肌色はモハメットのように浅黒いが、細面のなかなかな美人だ。目がいい。キラキラと強い光を放っている。妹は白い歯を見せて笑った。

モハメットは目の前に並んでいるおかずを指さし、妹は新聞紙を敷いたバナナの葉の上にココナッツ・ライスを掬《すく》った。そして、茹《ゆ》で卵、甘辛く煮た牛肉（ソット）、テンペ（納豆を乾燥させたもの）、サンバル（辛い唐辛子のソース）。その他に、バナナの葉に包んだものを二個手に持った。

この屋台のまわりには座って食べるようなテーブルも椅子《いす》もない。どうするのだろう。そのへんの道ばたにでも座って食べろとでもいうのだろうかとおもっていると、モハメットは、すたすたと歩きはじめた。

屋根を支えているつもりなんだろう、細い柱がやたらと立っているが、どう見ても建物自体が斜めに傾いている。それは建物というより単なる空間を仕切ったといったほうがいい。すこしぐらいの雨ならしのげるだろうが壁もドアーもない。その屋根の下にテーブルと椅子がいくつか並んでいた。すでに、食事をしている男たちがいて、ぼくらが座った目の前の男は、ビーフンのようなものを食べていた。ここでも簡単な食事はつくっているらしい。ぼくらのように持ち込みの男もいる。すぐにここの主人のような人がやってきた。

モハメットは「何を飲むか」とぼくに聞いた。さて、何にしようか？　と見まわすと、ミルク・ティーのようなものを飲んでいる人、ジュース、コーラなどいろいろだ。ぼくはミルクの入っていないティーを頼んだ。ここでは飲みものを頼めば、料理は他から持ってきても何も言わないらしい。

この店のカンバンにも、モハメットの妹のところから持ってきたNasi Lemakの

お菓子でも、このような御飯でも、その他の食材もバナナの葉で包む。腐るのを遅らせたり、いい香りがつく効果がある。

名前もある。この店のは0・5リンギーだ。その他にNasi Dagang、Nasi Kerabu、Nasi Berlauk、などは1・20リンギー、Nasi Laksam、10・8リンギーなどという文字が見える。Nasiは米のことである。

妹の店から持ってきたナシ・レマクを食べた。なかなかの味だ。おかずをすこしずつフォークでちぎりスプーンでサンバルとも混ぜ、食べた。ピリッとする。朝とはいえ、湿気が多くむしむしする。気温も高いとなると、これくらいの辛さがあっていい。胃に軽い刺激があるから唾液《だえき》の分泌《ぶんぴつ》もよくなる。

ナシ・レマクを食べ終えたら、もう一つのNasi Pulutを包んでいたバナナの葉を開いて食べろと言う。餅米《もちごめ》を蒸したものの上にココナッツの粉末とココナッツ・シュガーで煮つめたようなものがトッピングとしてのっていた。甘いのである。甘いといえばティーもめったやたらと甘い。甘くて歯にしみそうなのだ。だが、今までの経験では、暑いところでは知らぬまに体が要求するのだろう、何日かいるうちに平気になり、飲んでうまいと感じるようになる。

朝食を終えて、しばらくまわりの露店を見て回った。

魚を売っている。これがすごい色なのだ。クエのような大きな口をしていて、頭から目のところまでが濃いピンクで体のほうへ移行していくうちに緑色へ変化してくる。逆に緑色からブルーへ、そして、ピンクへというものもいる。台からずり落ちそうな長い体の魚は、パールの粉を塗りつけたように光り、色彩はほとんど無く鼠色《ねずみいろ》に近い。バラクーダのように鋭い歯をむきだした長い顎《あご》と顔だ。いずれの魚も蠅《はえ》が眼やエラのまわりにたかっていた。

朝食はフォーに限る

ベトナム＊ハノイ（１９９７年）

両手を広げれば、壁に触れてしまいそうなほどの間口の狭いコムビザン（コムは御飯、ビザンは庶民）といういわゆる大衆食堂や、ＰＨＯという文字のあるフォーを食べさせるところが、いたるところにある。ちょっとした路地などでも、フォーを食べさせる。

フォー屋は、もっとも朝早くから働きはじめる。たいてい五時には、準備がはじまる。

焜炉《こんろ》に火を起こす。

スープを熱くする。

フォーを茹《ゆ》でる湯を沸かす。

野菜を刻む。

大きな鍋に鶏を五、六羽。フォーのスープを取っていた。見ると透明で金色のスープの中に鶏がぎっしりつまっていた。

フォーといったが、説明する必要があろう。

ぼくらが口にしている麵《めん》は小麦粉か蕎麦《そば》粉《こ》で作られたものだが、フォーは米の粉でつくられた麵で、東南アジアではこのほかにも米の粉で作られた麵が多い。小麦粉のグルテンのように粘着力がつよくないのがやや物足りないが、やわらかくやさしい。ベトナム人は、朝はたいていフォーを食べる。

フォーはベトナムでも北の地方のハノイあたりが名物であるが、南だってまずくはない。

ハノイについた日から、朝はフォーということにしていた。一度、口にするとなんとも、粥《かゆ》などのように胃にやさしいからやめられない。

はじめてベトナムに着いた日の朝、やはり小さな店の軒下の小さなテーブルの前にいた。プラスチックの赤、黄色、緑などカラフルな椅子《いす》は、風呂《ふろ》屋の椅子のように高さが25センチ程しかない。膝《ひざ》を曲げ座るのだがこれがたいへんだ。でもそれしかないのだから仕方がない。

店の入り口で調理をしている。小さな台の上に白い麵が、洗面器のようなアルミの器に積まれている。その横に、もやし、ザウ・ムォン（空心菜）、ドクダミ、丸いまな板の上に茹でた鶏《とり》が一羽のっている。黄色い。いつも見慣れた白っぽいブヨブヨしたブロイラーではない。この旅で、もっともうまいとおもったのは鶏だ。とにかく味が濃厚で、かつて子供のころ飼育していた鶏の味だ。この店はフォー・ガーを食べさせる。ガーは鶏。鶏入りフォー。それを頼んだ。まず、麵ともやしを茹でる。茹でる時間は沸騰《ふっとう》している湯にざっとつける程度だ。それをどんぶりにいれる。日本のラーメンのどんぶりより小さい。

鶏の肉を削り、それをのせる。そこに、熱いスープを注ぐ。このスープは、本来は、ハノイで食べられている犬の骨がもっともうまいらしいが……。ここは鶏のスープ。ちょっと薄いスープだ。テーブルにはそのとき一緒にザウ・ムォンと生のもやしがで

ベトナムのモデルだ。フォーを食べにいった。これが特別ではない。彼女たちも、街角でこのようにして食べるのだと。

てくる。いきなり食べるのではない。食べようとすると、その店の人が目の前のヌクマム、青い柑橘《かんきつ》のチャイン、唐辛子を発酵させたトウオンオット、バナナの果汁から作られた酢につけたニンニクをいれ味を調え、自分の味覚に合わせるのだと、手振りで教えてくれた。調味をし、ペラペラのアルミのレンゲで味を見て食べはじめた。見ているとベトナム人は、どんぶりを鷲摑《わしづか》みにはしない。箸《はし》で麵をたぐり口に、そして、レンゲでスープを飲む。

ぼくは、あっという間に食べてしまった。

次の日は、フォー・ボゥーを食べに行った。ボゥーとは牛肉。薄切りにし、中華包丁で丸いまな板に張りつけるようにしバシンと叩《たた》き、延ばし、ドンドンと半ミンチ状態にする。麺を茹で牛肉をのせ、上から熱いスープを注ぐと白くなり火が通る。そこをやはり、自分で調味するのはガーと同じだ。

ぼくがズズズと食べるのに三分ほどなのに、おじさん、おばさん、若い子たちもじつにゆっくり食べている。麺を食べスープをゆっくり飲む。

ぼくはそのほかにも朝食にさまざまなフォーを食べた。

フランスパンとコーヒー

ベトナム＊ハノイ他（1998年）

オヤオヤ。

ハノイやサイゴン、メコン・デルタを歩いていて妙にめだつものがある。バケットに似たフランスパンが、いたるところで売られている。フランス人にいわせれば、バケットとはとてもいえないというだろう。だが、はっきりいって、バケットだ。フランスの植民地時代ベトナム人にパンを焼かせたのだろう。植民支配から脱却してもフランスパンは、完全にベトナム人の食生活の中に定着したとしても不思議ではない。

市場、レストラン、駅、フェリーの乗り場で、バケットを売っている。

パンをちぎりながら、フォーと一緒に食べたりするが、たいていはサンドイッチにする。サンドイッチとはいわない。バイン・ミという。バケットの縦半分に切り込みを入れ、中にいろいろなものを挟む。マーガリンを塗る。パテは、船底の水漏れを防

メコン川を渡るフェリーの波止場で、乗り降りする客に、フランスパンのサンドイッチを売っているのだ。

ぐようにこってりと塗る。ちょっと得体のしれないようなベトナムの酸味のあるソーセイジ、メチャ・ラァウを切って挟む。それに、ハム。二つとも細く切る。胡瓜《きゅうり》。香草の何種類か。赤い唐辛子。酢に漬けた大根や人参。これは、フランス風のピクルスだろう。だが、ちょっと甘みがつよい。日本風にいう甘酢漬けに近いかもしれない。忘れるところだった。食べた記憶から外れるところだった。チャーシュウが入っている。ベトナムは千年以上も、中国にも支配されていたのだ。中国料理の影響が大。そして、最後の仕上げにヌクマム。そいつを具の上にベチャベチャと振り掛ける。具がはみだしそうなやつをギュッと挟みこみ、はしから齧《かじ》りつくのだが、顎《あご》が外れるぐらい太い。ここまで丁寧なものはそう多くないが、このバリエーションだ。ほかの野菜も入る。いろいろな具が、口の中で混ざり合いオーケストレイション化する。バケットの皮のバリバリ感と中のフワフワ感。そして、さまざまな具が、口の中で調和する瞬間がやってくる。御飯に、醤油《しょうゆ》が染みこんでうまいなんてことがあるのだが、フワフワしたパンの中に染みこんだヌクマムの発酵した魚の味が広がる。なんだこの味はと、訝《いぶか》る。だが、ムシャムシャと咀嚼《そしやく》がすすむと、納得。パンに、醤油味が相性がいいなんて、ガマガエルと親指姫がお似合いのカップルだったなんて驚きだ。

ヨーロッパなどに出掛けた時ぐらいで、日本でもめったにトーストなどは口にしない。しかし、これなら朝からでもいい。

薄ぺったいアルミのフライパンに卵を割りいれ焼いた目玉焼きを、バケットに挟んだりする。細かく切った肉などをシチューにしたようなスープで卵を半熟に煮て、丼《どんぶり》などに入れて出してくれるものにバケットをつけたりして食べるのは朝食に何ともいい。

ベトナム料理で、明らかにフランス料理の影響があるとおもえるものは、少ないが、これはフランス料理風だ。

もう一つ。コーヒーは、フランスではもう見られなくなったアルミのドリップ式だ。

ベトナムは、あまり知られていないが、コーヒー豆の生産地でもあり、輸出国だ。いたるところにジャイカット・喫茶店がある。街、漁港、市場、空港にある。観光客相手のちょっといかがわしいものから、ベトナム人がふらりと飲みに入る実質本位のものまでさまざまだ。アルミのドリップ式の容器をまえに、時間の滴《したた》りのようにのんびりと琥珀色《こはくいろ》のコーヒーがたまるのを待っている。

どういう構造になっているかというと、アルミの板が凸凹になった浅い皿のような物に無数の小さな穴があいている。それをガラスのコップの上にのせる。その上に、アルミのコップをのせる。そのアルミのコップの底にも無数の小さな穴があいている。そこへ、大さじ一杯ほどのコーヒーの粉を入れる。その粉は、煎《い》りの強い濃い色のコーヒーだ。それも、小麦粉のように細かく碾《ひ》いたものだ。落とし蓋《ぶた》のような穴の開いた板を粉の上に一枚のせる。そこへ、沸騰《ふっとう》した湯を注ぐ。蓋をする。一滴、一滴。その琥珀色の液が落ちて行く。コップの底には、練乳が2センチほど入っている。ポタリポタリ。落ちて行くコーヒーを見つめたり、遠くに目をやったり、天秤棒《てんびん》を担《かつ》いで通る女の人を眺めたりしてゆっくりと待つ。湯が、完全に落ちるとアルミのカップをとりはずし、スプーンで掻《か》き混ぜると白濁する。そのスプーンを舐《な》める。甘い。飲む。やっぱり甘い甘い。とにかく甘い。しかし、はじめは、なんと甘いんだろう。こんな

この容器はいくつも買ってきた。これは便利なので友だちにもあげた。このペラペラ感がいい。なかなかうまいコーヒーが飲める。

の飲めやしないじゃないかとおもった。観光客がくるようなところは、ぼくのようにおもう人がいるのだろう。湯がおいてある。薄めてお飲みくださいなのだろう。だが、数日ひたすら暑い中を歩いて撮影していると、この猛烈に甘いコーヒーが飲みたくなるのだ。「カペスァ」と言ってしまう。この甘さ濃度が、喉《のど》の渇きや体にいいなんておもってしまったりしている。

ベトナムのジャイカットは、風通しがいい所にある。音楽なんかもない。ときにはバイクの騒音がすごいところにあったりもするが、まあ、ちょっと外れれば静かなところがある。

なんでもカリー風味の朝食

インド＊湖上のホテル　（1980年）

連日の下痢で、いささか疲れている肉体には鬱陶《うっとう》しい。鳩《はと》の群れの飛翔《ひしょう》する空気を打つ音がする。それもなまやさしい羽音ではない。一陣の突風のような圧倒的な風圧だ。鳩が遠ざかると、奇妙な静寂がおとずれる。

船の行き交う音が湖水を渡って近づいては遠ざかっていった。

起きて外に出てみる。湖水を渡ってくる風は涼しく気持ちがいい。昼間の三十六度の熱気がまるでその予感すらない。さすがマハラジャが砂漠に人工の湖水を作らせただけのことはある。快適である。静寂であるはずの湖上のホテルが小鳥の鳴く声で騒々しいのは、いささか予期していなかったことだが……。

迷路のような廊下を右へいったり左へ曲がったりすると朝食を食べる食堂にたどりついた。入っていくとベジタリアンかノン・ベジタリアンかと聞く。当然、ノン・ベ

これが人工湖だというのだ。呆れ返るほど大きい。湖面を渡る風は涼しい。かつてのマハラジャの権力と富を思い知らされた。

ジタリアンだという。

「では、こちらへ」と案内してくれた。

正面の長いテーブルのうえが左右に分かれて、右側に、ノン・ベジタリアンの料理が並んでいる。左側は、ベジタリアンである。インド人のほとんどの人はベジタリアンである。このホテルのように国際的なところでは、肉をつかった料理がふんだんにある。

ベジタリアンのテーブルをのぞくと、いろいろな色彩の野菜のカリーが並んでいる。細かく切ったジャガイモとグリンピース入りカリー、カリフラワーのカリー、茄子《なす》のカリー、カボチャのカリー、ホウレン草と白いチーズいりのパルク・パニール、白い卵がごろごろ入っているカリー。そして豆を煮たダール類。ベジタリアンでも蛋白質《たんぱくしつ》はとらなくてはならない。その蛋白質はいろいろな種類の豆を使い、それを工夫してさまざまな料理を作り出している。豆で作った麺《めん》まである。それだけ豆の料理はうまいものが多い。

ベジタリアンとノン・ベジタリアンのテーブルのまんなかにいろいろなパンが積んである。

ナン、チャパティ、プーリ、クチャール、ツァチュアルなどとともに、おもしろいことに西洋風のパンもある。

しかし、いずれの料理も、やはり香辛料をたっぷり使ったものだ。いってみれば、すべてがカリー風味ばかりである。いくらカリー好きでも、朝から晩まで三食すべてカリーというものばかりが、もう一ケ月も続いている。さすがに食傷ぎみである。それに体調も今一つである。外国へ出て、朝食をさてなににしようかと迷うのもひさしぶりだ。

ナンとサラダとインド風紅茶ぐらいにしようかとおもった。それともトーストぐらいにするかと迷っていると、隣で60センチ以上もある焦《こ》げ茶色の紙を薄く巻いたようなものを食べている。ウェイターに聞くとドーサという。

コーディネイターのムケーシュは、あれは南の地方の朝食のパンだという。僕はそれを注文し、ジャガイモのカリーにしようとおもった。そして紅茶にした。

ドーサは、米とウラッド豆を水に漬けておき、それを石臼《うす》で碾《ひ》き、二つを混ぜ合わせ一晩ねかせ発酵させる。それをクレープ状に焼きあげたものだ。

薄くパリパリとしている。焼いた面は金茶に焦げ、裏は滑らかで白っぽい。

ドーサはギーや蜂蜜《はちみつ》をぬったり、ココナッツ・チャトニーや辛いサンバルと一緒に食べるのだという。

そんな話をしていると、午後、ここの料理を撮影するのだが、その料理をつくってくれるシェフのクマールさんがやってきた。食後にその打ち合わせをするためだ。

「食事は、まだですか」と言う。

ぼくは「何を食べようかと考えてるのだが、ドーサにしようと思っているのだ」と言う。

「ドーサだけでもうまいのだが、マサラ・ドーサがあるから、食べてみたらいかがですか」と言う。

「それはどういうものか」と聞く。

「ふかしたジャガイモにいろいろなスパイスをくわえて炒《いた》めたものを、あのドーサにくるんだものだ」

薄いパンといえばサルディニアに「楽譜のパン」がある。ドーサも薄い。薄いと食感もかるく朝のパンにふさわしい。

いろいろなスパイスが、というひとことが気になったが、「じゃそれをもらう」と言うとクマールさんは、そばにたっているウェイターにマサラ・ドーサを頼んでくれた。

しばらくするとドーサをのせた盆を両手に持ってテーブルに置いた。大きなドーサの中にジャガイモが入っている。たしかに香辛料の巧みな使い方でうまい。一つ食べるとかなり満腹になる。しかし、いくら香辛料が微妙であっても、毎日のように香辛料ぜめでは、ただの茹《ゆ》でたジャガイモをバターか、せめてコーンビーフで炒めたほうがとおもえてしまう。そして紅茶もきた。しかもその紅茶もシナモンがたっぷり入り猛烈に甘い。

食べている時もクマールさんはじっとそばにいていろいろと話をしてくれる。南へいったらイドゥリがあるからそれも食べるといいよと言う。

「イドゥリは米を水に漬けすりつぶし、やはり一晩ねかせ、発酵させ、蒸したものだ。あなたたちにきっと気にいられるだろう」と言った。

ムケーシュはベジタリアンであるから何種類かの野菜のカリー風のものと、油で揚げた薄いプリーを食べていた。プリーもパリパリとしている。そしてムケーシュは子供のように食事のたびに牛乳をガブガブ飲む。肉は絶対に口にしないが、牛乳は大量に飲んでいる。それで脂肪やカルシウム、蛋白質などを摂取しているのだろう。

食後、クマールさんと撮影の相談をした。

午後の三時から山羊《やぎ》を使った料理や数種類のカリーを撮影した。

夕食までまだ時間はある。さすがにここのホテルでの食事をする気にならない。街へ出て食事をすることにした。まあ、九時ごろまでは食べる気にはならないだろう。しかし、まだ時間はたっぷりある。シャワーを浴びて屋上に出た。

ここに佇《たたず》んでいるたのしみがある。

昨日の夕方も水浴をしていた石段で、やはり水浴をしながら洗濯をしているのだろう、カンカン！　という木と石と布の当たる同じ音が聞こえてくる。その音を聞いて

この湖畔の岸辺で、人々は沐浴や、洗濯をしていた。ぼくはホテルの屋上からこの光景を見ていた。鵜が一列に飛んでいった。

いるのは心がなごむ。これが砧《きぬた》の音に近いのだろう。石鹸《せっけん》もなく洗濯機もない時代では、せいぜい灰汁《あく》などをつけ木の槌《つち》で叩《たた》いて汚れを落としていたのだろう。

はやめに、船を呼ぶことにした。対岸の人たちを見たいとおもったからだ。船が近づいていくと、洗濯している女たちの振りあげる木の棒がキラキラ光り、おたがいに競うように振りおろしている。そんな激しく働いている女たちとは対照的に静謐《せいひつ》な場所があった。石段の向こう側の菩提樹《ぼだいじゅ》の木の下で、色鮮かなサリーを着た女たちが膝《ひざ》を抱くように座り静かに下を向いていたのだ。何かの儀式なんだろうが、いったい何をしているのかさっぱり分からない。ただ瞑想《めいそう》している。動く気配さえない。

しばらく、船のエンジンを切り漂っていた。そんな雰囲気にひたっていたかったからだ。

鵜《う》がいきなり船の近くにバサリと舞い降りた。すばらしい勢いで水に潜り魚をくわえ、それこそ鵜飲みにし飛びあがった。その鵜の飛び行く先を追っていくと、それほど遠くないところに、湖水と対岸との中間に、廃墟になっている石の建物があった。その橋梁《きょうりょう》に鵜が十数羽、濡《ぬ》れた羽を乾かしているのだろう、ずらりと並んでいる。どの鵜もこきざみに羽を振るわせ、鋭い嘴《くちばし》で羽をしごいている。いかにも腹いっぱい魚を飲みこみ満足している風情《ふぜい》だ。

ぼくらも夕食をとる気になってはいない。

一日に五回の食事

モルディブ＊海辺の店で　（1980年）

モルディブでは日に五回ぐらい、ちょこちょこと食べるのだということを聞いた。そういえばイスラムではお祈りが一日に五回であるから、そのお祈りに合わせているのだろうか。それは、ぼくには分からぬことだ。まず、朝早く食事をして十時ぐらいに、一時半、五時にお茶、そして夕方のお祈りが終わってから、七時、腹が空《す》けば深夜というぐあいだからレストランは早朝は別としてほとんど開いているということになる。

朝はリハを食べるよりは点心のような甘い菓子、パン、カージャ、カワブ、ボーキバ、ハルルクライのようなものが多い。

一品か、せいぜい二品を食べるのである。

ぼくは紅茶を飲みたくなってきた。喉《のど》が渇いた。すごい汗を流したからだ。外はサ

漁師は、自分の妻にだろうか。釣ってきた鰹をいっぴき渡していた。今夜のおかずにでもするのだろうか。

ウナより熱いのではないだろうか。

海辺に近い店に入った。菓子やらカワブなどが小さな皿に盛られてテーブル狭しと並べられている。ちょっと壮観である。そのテーブルを囲むように男たちがカルサ（紅茶）を飲みながらのんびりと食べている。やはり男しかいない。

その店ははじめてだった。小さな島だが、まだ、昨日ついたばかりだ。顔見知りはいない。その男たちの仲間に入るというわけにはいかないが、男たちの近くに座った。

男たちは、紅茶がくると受け皿に紅茶を少量わざわざこぼし、それを飲んでいる。それはどうも熱い国の人たちのクセなんだろうか。

いつも熱い料理を食べるというより、い

食卓の上にあるものは、鰹を使ったものばかり。すべてカリー風味。なまりのようなものを使ったカリーはうまい。

つも冷めている料理を食べているせいで猫舌の人が多いのだろう。熱いものに弱い。

たしかに、昨日の昼、夜、今朝食べたいずれの料理もさほど熱くない。素手で混ぜて食べるのだから指先が火傷《やけど》をするようなものはない。ほんのりとあたたかいていどだ。せいぜい熱いものは、このカルサぐらいなものだ。その奇妙な作法のような飲み方には、他の何かの理由があるのだろうか。ぼくには分からない。

いや、おもいだした。紅茶の本場・イギリスでもかつては受け皿に紅茶をこぼし飲んでいたという証拠になるような絵を見たことがある。今よりもっと湾曲した受け皿に紅茶をこぼし飲んでいた。

近づいてきたウェイターに「ハクル・ナ

ーラ・カルサ」とぼくが言う。

ウェイターが頭を縦に動かし、分かったという顔をする。昨夜、こことは違うレストランで夕食を摂ったときに紅茶を頼んだのだが一口飲み、その甘さに辟易《へきえき》として、なんとか砂糖の入っていない紅茶を飲みたいとおもったのである。どうすればいいのか。さんざん絵を書いたり、ジェスチャー混じりのやりとりして、砂糖のない紅茶を頼むときにはハクル・ナーラ・カルサという言葉までたどりついた。そう言えば、通じるということが分かったのだ。それをノートに書きうつし、それをまた言ったまでだ。

目の前のものを何も食べないというわけにはいかない。一日に五回という食事の方法では、朝の十時は「おやつ」のような時間なんだろうか。子供なら分かるが大の男がこんな時間にものを食うなんてとおもってしまう。一度に大量に食事をしないようだ。ウェイターたちもじっと見ている。ぼくは、昨日食べた、鰹《かつお》をほぐしカレー粉と混ぜて団子にして揚げたカワブを食べようとおもった。半分にして、口にいれると「カンルマス」と言う。もう、ウェイターたちも心得ている。ぼくは何でも聞きメモをしているのを見ていたからだ。カンルマスとカタカナでかく。鰹の絵を書く。とに

鰹を団子にしたものだ。とにかく三食すべて鰹。ちょっと調理のやり方が違うだけ。煮る、焼く。揚げる。

かくこの島では、すべてが鰹である。

昨日、食べたレストランの厨房《ちゅうぼう》へ入っていったが、ただただ鰹だけがブルーのプラスチックのタライに転がっていた。

真赤などろどろした香辛料にマリネートされているのも鰹の切り身であった。

同じような調理法のインドやスリランカでも小麦粉で包んだような揚げ物の中味は、羊の肉、豆類、チーズ、野菜であったりするのだが、モルディブは徹底して鰹である。他のものはない。まったく鰹だけなのだ。

ぼくは甘くないカルサを飲み、カワブを齧《かじ》り、窓を開け放った海辺に近いこのレストランで、海を見ながら時間を費やした。別にどこかへ行こうという予定は、今はない。

白い三角帆のドニーが鰹漁から戻ってくるには、まだ時間はたっぷりある。

ここにいる男たちは、鰹を積んだドニーが着岸したら、市場へいき、あるものは鰹の荷揚げをしたり、鰹を切り身に切り分ける職人になる。まだ朝の十時ごろだ。その時間がくるまでのんびりと待っているのだ。

しばらくしたら、ぼくらは友達になるだろう。彼らは少しは退屈しているからだ。話しかけてくるきっかけがあれば、皆は集まってくるだろう。

ぼくはカメラをカバンから取り出して、飲みかけているカルサと残っているカワブを並べ海をいれカメラを構えた。皆は話のきっかけを見つけたのだろう。撮影しているところに集まってきた。なぜそんなのを撮っているのだというやつがいるはずだ。

遊牧民のゲルをたずねて

モンゴル＊ゴビ砂漠　（1999年）

こぢんまりしているゲルの中にいた。遊牧民であるモンゴル人の住居として使われているのがこのゲルだ。

ゲルにはトーノがあり、そこには天と向かい合うような穴が開いている。

扉をあければすぐ草花の生えている大地である。ゲルを組み立てる細い柱を包むようにフェルトが巻いてあるだけだ。

すぐ近くの羊や牛、そして馬の嘶《いなな》きや吐息が聞こえる。

風の音も、人の話し声も聞こえる。

このキャンプにはそんな現地の人と同じようなゲルがあり、その一つに泊まった。

ぼくは熟睡をした。いつもならアルコール類で頭も体も麻痺《まひ》させ眠るのだが、チンギス・ハーンのラベルのモンゴリアン・ウオッカを飲もうかどうしようかとおもい、トーノの半分覆《おお》ってあるが半円から見える星をベッドに転がって見ているうちに眠ってしまったようだ。

夜中に膀胱《ぼうこう》が張り目がさめた。

小便をしているぼくの頭の上は半月が煌々《こうこう》と光っているのに、ピカリと空が光った。しかし、雷鳴は聞こえてこない。光りは届いても、音はどこかの草原に吸い込まれたのだろうか。小便をしている間に数度光った。しかし、後ろの北西の空は満天の星だ。モンゴルの草原でゲルが建っているところで、絶対に方向が分からなくなることはない。東南にゲルの扉というか入り口があるからだ。

東南の空はまっ黒くすごい雨だろう。

六時に目が覚めた。昨夜は十時には眠っていたろう。外に出ると白い半月が、うっすらと明るくなっている空に浮いている。

ゲルに入ってぼんやりしているとザーザーという風の音がする。朝なのにそのほかの一切の音はしない。

朝食は七時半ということになっている。ゲルが三十個ぐらい建っているキャンプのなかを歩き、食堂へ行った。パン、卵……これはクレープのように薄く焼いてそれを畳んである。それにコーヒー、バター、ジャムである。ヨーグルトはないのかというとないという。モンゴル風の朝食ではなく、まったく西洋式の朝食でがっかりした。

パンは食パンと同じ型で、それをかなり小さくしたものだ。こんがり焼けたパンのうえに一匹の蠅《はえ》が止まり、這《は》いまわっている。じつに美しい。クローズアップ可能なレンズを向ける。立派な昆虫だ。二本の前脚、四本の脚、二枚の羽、大きな黒い双目、じつに精緻《せいち》だ。まさに昆虫の美を備えている。蠅は汚くダーティーなイメージがあるが、この砂漠のようにドライな環境では不浄とはおもえないのが不思議だ。

次の日は朝食をとらず南ゴビ砂漠のゲルの一つに行くことになった。というのは昨日の朝の朝食はつまらなかったと、このキャンプの所長のトメさんに話をしたら、この西洋的な朝食じゃなく、モンゴル人が食べているものを食べたいのなら遊牧民のゲルに連れていってやるといったのだ。

ゴビ砂漠といっても石混じりの砂地で、短い草が生えているが、その草は羊がかろうじて生きているだけというほどのものだ。そんな砂漠の中に建っているゲルを訪ねた。

さほど大きくない。けっこう明るい。

中央にストーブが設置されている。そこは夏だというのにストーブが燃えていて、鍋《なべ》が掛かっていた。しかしさほど暑いとは感じない。かつてはストーブなどなく、ただ火床があり五徳がおかれていただけだ。火のあるところは神聖なところでもあり、家系を守る火の神がやどっているといわれていた。今でも、もっとも大事な場所であるのには違いない。中央のストーブの奥に仏壇があり、ローソク立てや家族の写真をいれた額などがかけてある。

戸口を入って右側には鍋、釜《かま》、杓子《しゃくし》などがハナと呼ばれている格子《こうし》でできた壁にぶら下げてある。その数も一家で最小限のものだろう。余分なものはなくいずれもよく磨かれてある。そこに二段ほどの棚があり、茶をいれた缶、黄色くバターのようなものが浮いた物を入れた洗面器がおいてある。いろいろなチーズを入れたボウルがある。八個ほどの丼《どんぶり》のような食器がある。皿は数枚しかない。そこが女性の座となっている。その反対の左側が男の座となり、馬具などの一式がぶら下げられたり、床におかれたりしている。左右の壁のそばにベッドが置かれている。客は男性側のほうに招かれるらしい。そういえばトメさんもボルさんもいつも左側に座っている。その奥の中央のところに老人が座っている。お爺《じい》さんはアイアさんという愛称でよばれているといった。

「サンバイノ」というと爺さんは「サンバイノ」といって、瑪瑙《めのう》でできていて珊瑚《さんご》の小さな蓋《ふた》がついた瓶を取り出した。小さな耳掻《か》きのような物で粉のような嗅《か》ぎ煙草《たばこ》を親指にのせ鼻の穴に持って行き、吸い込む。ツーンと鼻孔を刺激する。おもわずクシャミがでる。連発する。いい匂《にお》いなのだが、なれないとつらい。それが男と男が会ったときに行う儀式のようだ。だが今では、若い人は、そんなものは持っていないようだ。

五歳ぐらいの子供が入り口から入ってきた。孫が遊びにきているらしい。オルド君だ。挨拶《あいさつ》はしてもトメさんもだれもお互いに自己紹介や紹介もしない。とにかくトメさんたちがいるとはいえ、旅人が不意におとずれても何のとがめもないようだ。たとえ誰もいないゲルに入り、置かれているものを飲み食いしても、旅人は許されるという。

おばあさんは中央のストーブのうえで大きな鍋にツァイを作っている。ストーブの横に四角い缶があり乾燥したラクダの糞《ふん》・アルガルがぎっしりと詰まっている。それを素手で摑《つか》みストーブに入れている。ゴーゴーとよく燃え、ツァイがグラグラと沸騰《ふっとう》する。すると杓子でツァイをすくい上からザーッと流す。それを繰り返す。そうすることで空気が入りうまいツァイになるらしい。

丼に注ぎぼくにくれた。塩入りの、ミルクたっぷりの茶である。皆もツァイを飲んだ。

正面の中央のところに白いチーズが板の上に乗っている。そのそばの洗面器の中には羊を屠《ほふ》り、内臓などと共に茹《ゆ》でたものが入っている。アイア爺さんは、食べてもいいよと言う。運転手のオルド君はいわれる前に、ナイフで切りながら食べている。ぼくにもアイア爺さんがモンゴルの長靴・ゴダルにしのばせていたナイフを取りだして、手渡してくれた。そのナイフを使い食べなさいと、手渡してくれながら、アイア爺さんは言った。

大腸に血と肝臓を刻んだものを混ぜたものが詰めてある。白い物は羊の脂肪だ。ホニニゲティス・ドトルマッホだ。今まで食った血のソーセイジよりうまい。このソーセイジはヨーロッパならフランスのブダンなど、どこでもよく食べられている。だがこのモンゴルのソーセイジはうまい。今まで食べたうちでこんなにうまいやつははじめてだ。この洗面器の中には羊の肉はないが心臓、腎臓《じんぞう》、腸をほかの内臓に巻き付けたものなどが入っている。

「茹でたてはもっとおいしいから」と通訳のムギは言う。

「ここの羊は塩分の多い草や野生の葱《ねぎ》・フルムを食べているからモンゴルでもっとも

一頭の羊を目の前で魚を捌く様に解体する。火を燃やし焼く。塩だけをつける。嫌な臭みもなく、肉を食べている至福を感じた。

うまいのだ」と言った。

ぼくらが茹でた羊の内臓を皆でフガフガいいながら食べていると、ばあさんが大きな鍋に残っていたツァイを中国製の魔法瓶に移しいれ、その鍋に米を2カップほど入れる。もちろん洗ったりしない。汲《く》みおいてあるバケツから水を注ぎ入れた。そして沸騰してくると、羊乳を煮た時に浮き上がってくる黄色いバターを入れる。米の表面がかがやき黄茶になってくると、先程の魔法瓶にいれたツァイをそそいだ。それだけではたりないのだろう。羊の乳をつぎたし、そして蓋をする。

アルガルをおばあさんは素手で摑み、ストーブにつぎたした。弱くなった火がゴーゴーと再び、燃えはじめる。このラクダの糞は火力が強いのだという。すぐに沸騰してきた。米を煮ながら牛の干し肉を鉄の壺《つぼ》のようなものに入れ、同じ鉄の棒でつつき細かくしていた。蓋をあげ、その干し肉を砕いたものをくわえた。杓子で掬《すく》いそれを高く持ち上げ上から注ぎそれを何度もくりかえした。

それが煮上がるまでチーズを食べた。やわらかい。まだこれを干して固く乾かすのだが、これは干す前のものだ。生に近いチーズはやたらと酸っぱい。ブルブルと震えるほどだ。このチーズはアルチンホロートだと言った。

この季節はチーズや家畜の乳で作られた乳製品を飲み食いし、過ごすのだ。ツアガン・イデといい白い食べ物・乳製品のことである。

この季節のことを白い季節といい、冬は赤い季節という。その間は肉を中心とした食生活になる。乳もでなくなりあれほど豊富だった草も枯れ、しかも雪に埋もれてしまう。家畜は痩《や》せる。その前にもっとも太っている秋に一冬過ごすだけの頭数の家畜を屠《ほふ》り、保存しておいた肉を春まで食べ続けるのだ。屠った肉は外に出しておけば自然の冷凍庫である。狼《おおかみ》に食べられないようにしておけば、後は腐る心配はいらない。

この長い冬は肉ばかりだ。春になると乳から作られるヨーグルト（タラク）、馬乳酒（グーニ・アイラグ）、乳茶（スーティ・ツァイ）、三十種類もあるチーズを食べることで、肉を食べて酸性化した肉体を改良してくれるのだ。たしかにいろいろな乳製品を食べてみると、ほとんどが酸味が強い。ぼくら日本人もかつては春先に野草を摘んで口にしたが、苦みのあるものを摂取して、体のバランスを取っていた。自然の知恵だし体の欲求である。モンゴルでもそれらの乳製品を食べることで、血を清浄にし、胃や腸をきれいにしてくれるのだという。人々は朝、昼はこれらの乳製品を食べるだけの軽い食事である。夜は肉を少々いれたうどんなどを食べるくらいだ。今は食生活も豊かになり、夏でも肉も食べるようになったというが冬に比べて少ない。

ストーブのうえの鍋にブダタイボルツツァイができた。ブダーは米。タイは（…の）の意味。ボルツは肉。ツァイは茶。

おばあさんはブダタイボルツツァイを、お爺さんの銀の彫刻を施したうつくしい丼に注いだ。アイアガという。つぎに普通の丼に注いでくれた。食べてみるとさほど違和感はない。米を茶で煮るのは、ぼくの故郷の紀州のさらさらした茶粥《がゆ》と同じである。そこに羊の乳が入っているだけの違いだ。食感はすこぶる似ている。それに猛烈に熱い。舌が焼けそうなほど熱いやつをふうふう吹きながら食べる。それに沸騰してきた時に杓子で掬い、うえから落としたりするのまで似ている。干した牛肉は水分を含み、ふっくらとしている。かなりの弾力がある。硬いが嚙《か》み切れなくはない。なかなかな

紅茶で煮た粥。出汁は羊の肉を干したものを、細かく砕き、煮出したものだ。さすがに日本の粥とは違う。濃厚。これが粥なのだ。

味だ。

干し肉はこの夏の間に作るようだ。モロッコのサハラの遊牧民族のノマドたちもラクダや羊の干し肉を作っていたが、このモンゴルでも肉を干している。この旅でゲルの中で長く切った肉を紐《ひも》にかけ干しているところをしばしば見た。

今食べたものは夏のモンゴルの典型的朝食だが、もっと典型的なものは馬乳酒だ。大人たちはアルコール度は低いが栄養分はたっぷりの馬乳酒を、一日中、丼に十杯も十五杯ぐらいも飲み、それだけで過ごす人も少なくないという。ぼくもこの南ゴビの後、行ったハンガイの半森林の草原地帯では、一日中、馬乳酒を腹がドボドボいうほど飲んだ。

馬乳酒はアルコール度数は２度前後といわれるくらい弱い。いくら飲んでも酔わない。酸性の体をアルカリに変えてくれる。

モンゴルではこの馬乳酒だけを飲み、体調を整え病気を治療する病院があると聞いた。たしかに二週間のモンゴルで一切の野菜を口にしなかったのに、すこぶる体調がよかったのは、馬乳酒を起き抜けから深夜まで飲んでいたからだろう。それだけじゃない。酸味の強いチーズと、冷や汗が出そうなヨーグルトも毎日のように食べ続けた。

ナーダムを見に行く

モンゴル＊草原の祭り（1999年）

曇っている。夜の間は星が無数に見えるほど晴れていたのだが……。

一時間ほどベッドの中で日記を書いているうちに、トーノの丸い穴からさきほどまで曇っていた空の一角が青くなったのが見えた。しかし青い空がどれほど広がっているのか小さな真上の穴からでは分からない。外へ出て見た。やや小高い丘の麓《ふもと》にたっているゲルの屋根の真上はくっきりとした青空だ。

目の前のなだらかな斜面の向こうに川がながれている。こちら側の丘と川を挟んでおなじような傾斜で上がっている丘に、大きな魚のような霧が流れている。左から右に流れる霧が消えると、またつぎの霧が湧《わ》いてくる。

川は朝日をうけて光っていた。ここに数日滞在しているが、毎朝おなじような変化だ。今日も一日、あつい日になりそうだ。だが日が落ちると、ストーブをたかなければならないほど寒い。

ぼくはもう一度ゲルにもどり、タオルを肩に川のほうへ歩いて行った。

一昨日から、その川で顔を洗うことにしている。はじめは毎朝、イトウを釣るために川の濁りぐあいを川岸まで行き調べていたが、川を見ているうちに、しらずしらずに顔を洗っていた。昨日の朝は歯も磨き、口も漱《すす》いだ。上流で雨でも降ったのだろうか。少々濁って見えても、手に掬《すく》ってみると、透明であった。東京の水道水よりもはるかに清浄だろう。ここにいる人たちにはもちろん飲み水でもある。

雨のせいで、蛇行して流れる水は岩にあたり二つに分かれ、はげしく盛りあがり岩を越え一つになり渦巻いて落ちていく。

小鳥の声がしきりにする。対岸の林は鳥たちの巣になっているらしく、これだけのボリュームで鳴き続けられると、圧倒される。

昨夜、小便で外へ出たときに目の前の丘陵から、雄鹿《じか》のグウォーグウォーと太い管楽器をふくような野太い声が二、三度聞こえてきた。

鹿の声が聞こえてきた丘陵に、今朝は馬の群れが下りてくる。三十頭ぐらいの茶色の馬群は、太陽の光りで艶《つや》やかに光っている。こんな健康な潑剌《はつらつ》とした馬たちを見ているだけで元気が出る。からだが浮き立つ。馬は軽く走りながら下りてきて、川の浅

川岸の向こうはいかにも北国の森らしい。森の向こうは広大な草原だ。この川岸に沿っていくつかのゲルがある。

いところで水を飲みはじめた。

そんな光景を見ながら歯を磨いた。冷たい水で口を漱ぎ、顔を洗った。馬の群れの後ろで、一頭の馬にのっていた男も馬からおり岸辺で水を飲んでいる。

馬群の首がずらりと前に垂れ水を飲んでいる。しばらく飲んでいた馬は、たっぷりうまい水を飲み自然と一頭ずつ草の多い丘の上へ移動していった。

今年は雨が多く草の量も伸びもいいとマルチン（遊牧民）たちの顔も明るい。いずれのゲルをたずねても馬も羊も牛も太っていて重量感がある。

馬は緑のふかふかした中をゆっくりと遠ざかり、中腹にくると立ち止まり草を食べはじめたのだろう。歩みがさらにゆっくり

草原には色とりどりの花が咲いている。朝露は雨が降ったかのような量だ。60センチのイトウを釣った。

となり、わずかな距離をお互いにたもっている。

ゲルまでもどると、野の花にたっぷりふくんだ雨の滴《しずく》でスニーカーはぐっしょりと濡《ぬ》れていた。スニーカーをゲルの入り口で脱ぎ乾かすことにした。

またどうやら明け方に雨が降ったようだ。今日も少し濁りが出ていてスプーンで釣るにはどうも無理だ。

数日の後、ぼくは60センチほどのイトウを釣るのだが……。

十時にモンゴル人がもっとも気持ちをたかぶらせる祭りであるナーダムへ向かう。途中、バタルさんのゲルによって朝飯を食うことになっている。出発前にゲルでインスタントのコーヒーを飲んだだけだ。同行してくれるモンゴル人は、朝の一杯、馬乳酒が飲みたいのだろう。夏ならではの楽しみなのだ。

バタルさんと八歳の息子と数人の牧童は、レースの準備ででかけていない。奥さんと娘さん、孫、そして数人の牧童、ナーダム見物にきた親戚《しんせき》の人たちがいる。

いつものように馬乳酒がでてくる。

キャンプのゲルで手伝いをしている十四歳の美少女のガンバロロも一杯飲んだ。もちろんぼくもたてつづけに二杯飲んだ。はじめて飲んだときは、いささか獣の匂《にお》いがそこはかとしてあまりうまいとはおもわなかったが、次第に朝になるとモンゴル人と同じように一杯飲みたいとおもうようになった。

モンゴル人は夏になると毎日、この馬乳酒を朝昼夜と飲む。冬の間の肉ばかり食べ酸性化した肉体改造に馬乳酒をふんだんに飲み、新鮮なビタミンなどの補給をするのだ。

ウルム、タルクエッキという種類のチーズが一皿に盛られて出てきた。タルクのチーズのうえにウルムをのせて食べるのだがウルムの味とタルクとじつにあう。

ゲルで一時間ほど馬乳酒とチーズを齧《かじ》るだけで、固形物の胃や腸を激しく動かさねばならないようなものはほとんどない。噛《か》むようなものはない。このようにおだやかな朝食もある。

すでにナーダムははじまっていて、何レースかは終わっているだろう。ぼくらも十一時過ぎのレースを見るためにバタルさんのゲルを出た。途中、レースの出発点へ向かう一群の馬に乗っている子供たちに出会った。

馬のウオーミングアップをかねて出発点へ向かっているのだ。はるかかなたの出発点からスタートを切り、再びやってくるのを途中で待つことにした。

草原に座って待った。とにかく天候がよくなり気温が上がると虻《あぶ》や蠅《はえ》が猛然と飛びかう。ネットを被《かぶ》らなければ耐えられないほどだ。虻や蠅を手で払いながら待つ。じりじりと太陽が頭を焼く。しかし吹く風は爽《さわ》やかだ。やがて一群の先頭を切ってやってくる馬が小さく見える。その脇《わき》をジープが砂塵《じん》をまきあげながら向かってきた。

ぼくらの横をジープと馬が駆け抜けて行った後、次から次へ顔を真っ赤にして馬に乗った少年少女が駆け抜けていく。おどろくことに先頭集団の中に少女も混じっている。汗が流れる。ぼくらを見ると皮紐《ひも》の先に棒を結び付けたモンゴル独特の鞭《むち》をくるくる振り回し、左右の尻《しり》をピシピシと打ち続ける。腹にしみこむような重量感のある脚音だ。数十頭の四肢が目の前を激しく巡り、遠ざかった。鐙《あぶみ》に足をしっかりとかけ腰を浮かした少年少女たちの後ろ姿が、一群になり遠ざかった。しかし、その一群の

美少女ガンバロロの乗馬姿。すっきりと美しい。この後、全速力で天翔け、あっというまに草原に消えた。

姿が小さくなると、数頭の馬がやってきた。その中に人を振り落としても、その馬群に遅れまいと走りつづけている馬がいた。手綱がブラブラと揺れている。それでも本能が走らせるのだろう。最後の馬が通り過ぎると、もう何もない。

ゴールは丘の中腹にあり、千頭に近い馬に騎乗した人たちがゴール近くで、一列に横にならんで待っているのだ。だが、ゴールに飛び込んでくると一斉にどよめき、そして整然とした列が崩れる。

30キロを走りぬけた馬たちの、とくにトップになった馬と少年の回りは馬上の大人たちが取り囲んでいて、少年の姿は見えない。しかし、その一群は丘からゆっくりと下っていく。表彰場へ向かうためだ。丸く

トップに走ってきたのはバタルさんの息子だ。村の英雄だ。子供でも誇らしさが全身から迸っていた。

囲ったリンクの中へ向かう。百頭ほどの馬を引き連れている。ぼくらも馬には乗ってはいないが、小走りについていった。

次のレースなんだろう。はるかかなたに小さな馬群が見え砂塵が上がっている。人々が口々に奇声を発する。その声を聞くと心が騒ぐ。馬群から一頭がかなり距離を離し、抜きんでてきた。ジョキーは激しく鞭を振り回し、走ってくる。先頭を天翔《あまがけ》る姿がはっきり見える。丘全体を轟《とどろ》かせるような奇声が谺《こだま》する。

「バタルさんとこの馬だ」とガンバロロが叫んだ。先頭を走ってくるのは、八歳のバタルさんの息子だ。

着脹《ぶく》れおばさんが作るボリバブ

韓国＊プサン（1994年）

五人のおばさんが働いている。ほとんど同年輩だ。冷たい風をどこからも入りこませないぞと、膨んだゴムの人形のように何枚もの下着や服を着こんでいる。スタイルなんて気にしていたら、この寒中に働けない。どうして、ドアーがないのか分からない。飯屋なのだから、部屋はのんびりできるだけあったかいほうが、客にもいいとおもうのだが……。

韓国プサンの二月である。チャガルチ市場の通りにならんでいるおばちゃんたちも着脹れしているが、目の前の魚はカチンカチンに凍っているくらいだ。その市場の近くのこの店に入って外を見ると、爆風で吹き飛ばされたように風を遮蔽《しゃへい》するものは何もない。市場の海岸通りに連なっている飲み屋のように、だらりと垂れさがったビニールの幕でもあればとおもうのだが、それすらない。かなり広い店である。木の椅子《いす》も背筋にぴりっとくるぐらい冷たい。外の風は遮るものがないから、どっと吹きこんでくる。犬ならどやされると入ってこないだろうが、風は、遠慮会釈《えしやく》なく吹きこんでくる。だが、客をまじえ、おばさんたちはそんなことなど気にしないばかりか、平気である。

入り口の近くの壁ぎわにガスコンロが並べてあり、そこが調理場でおばさん二人が調理をしている。一つの釜《かま》には炊《た》き上がった麦飯がありもう一つの大きな釜で、次の麦飯を炊いている。その横にドジャンクック（味噌汁《みそしる》）の大きな鍋《なべ》が大きなガスレンジの上にかけてある。こんな盛大な湯気を見るのはひさしぶりだ。どこかで見たような気がした。ニューヨークの下水から吹きあげてくる湯気だ。濃密に白くムクムクとわきあがってくる。見ているだけであったかそうな湯気だ。

魚市場の二階建ての屋根を越えて太陽の光が差しこんできた。前の凍った路上が白く光る。働いているおばさんが、白い湯気のなかで黒いシルエットになってもやもやと動く。手元に持った盆の上でいくつもの飯とドジャンクックも湯気をあげている。

今ではめずらしくなったボリバブ、麦飯とドジャンクックが並んだ。茹《ゆ》でたモヤシが付いている。モヤシをおかずに食べはじめた。だが、気になるのはテーブルの上の大量のコチジャンとアミの塩辛、青い漬物だ。

久し振りの麦飯だった。見た目に銀シャリのように白くなく、灰色だ。なんだか戦後の食料難のことを思い出した。

「そうやって食べるんじゃないんです」と伊君の友だちの孫君が言う。

「そこにあるモヤシと、この酸っぱい漬物とコチジャン、煮物、アミのチョッカル（塩辛）をボリバブの上にのせ、それをビビンパッブのように混ぜて…」と伊君は、自分の前のステンレスのボウルにいろいろとのせ、クチャクチャと混ぜはじめた。スカラックが踊る。上下左右。韓国人は、これでもかこれでもかというぐあいに、スカラックでこねくりまわす。ステンレスの丼《どんぶり》にカチャカチとスカラックが当る。まるでダンスのようなリズムを刻む。すっかり赤くなった麦飯。

食べはじめた。

「うまいす」

韓国のモヤシは強い。なんの漬物だか、癖のある酸味と臭いが、麦飯の嫌な匂いを消してくれる。それに辛いコチジャンも合う。

伊君と孫君はスカラックで食べはじめた。ぼくもおなじようにコチジャンをいれモヤシ、漬物、チクワを煮たようなもの、チョッカルをグチャグチャ混ぜた。

麦飯は戦後、嫌になるくらい食べた。ひさしぶりに100パーセントの麦飯だ。麦飯独特の水分の多いベタベタした飯だ。昔はこの感触と麦のどこかプーンと匂《にお》うクサさと、舌に残る薄甘さが嫌でしかたがなかった。はやく、白飯を食えるようにならないものかと食事のたびにおもったものだ。

二人とも麦飯を食べて育ったのか聞くと、子供のころは多少麦をいれたものを食べたのだけど、すぐに白い飯になったといった。「軍隊に入っていたころは、麦が入っていたよ」と伊君がいった。孫君もうなずいた。

韓国では国民皆兵でとにかく男は、二年だか何年か聞きもらしたが兵役の義務がある。

コチジャンなどの辛味と漬物の酸味、モヤシの歯ざわり、煮物の味、チョッカルの複合した味でなかなかいける。いや、これはうまい。そういえば三十五年ほど前の韓国はどんなレストランでも米だけの飯というものは、無かったように記憶している。かなりの麦が混入していたようだった。白い御飯だけというのは禁止されていた。それが、この伝統的なボリバブは、昨今では韓国でもめずらしいものになっているという。韓国も豊かになったものだ。

米の御飯ではなく朝からボリバブをわざわざ食べにくる人も多い。味噌汁も味がいい。これなら体にいい。贅沢《ぜいたく》ではない。ほんとうに質素このうえない食べ物だ。だが、たまにはこういうものを食べて、口の奢《おご》りや心の慢心をちょっと動かしてみるのも必要かもしれない。

酒を飲んだ日には、ヘジャンクックを…

韓国＊ソウル　（1990年）

酒を飲んだ後や次の日の朝の憂鬱《ゆううつ》な頭を持参しヘジャンクックを食べに行くというのは、韓国の男の常識だという。入った店はソウルのサラリーマンが働いているオフィス街チイヨンドンの裏側になる。この通りには、このヘジャンクックを食べさせる店が、何軒も並んでいる。その中でも、もっとも人の入っている店だという。しかし、十時を過ぎているせいかあまり人がいない。とにかく、朝の四時ごろまでは酒を飲んだ帰りに寄る男女で混み、五時をすぎるとこんどは、朝早く働きに出る男たちで賑《にぎ》やかになる。しばらくすると、二日酔いのサラリーマンや学生たちにかわり、ごったがえしになるという。

おねえちゃんがカクテキ、キムチの皿を上から落とすように置き、黒い陶器のドンブリを汁のこぼれたテーブルにドスンと置く。どれもこれも縁が欠けていて、かえっ

とにかく熱い。スカラックで三口も飲むと汗が吹き出してくる。辛い。韓国の味噌は日本のものと少々違う。日向臭い。

て風情《ふぜい》がある。なげやりなおねえちゃんの後ろ姿がいい。

ヘジャンクックをスカラックで掬《すく》って口にする。熱い。よく、おねえちゃんが、素手で持てるなァと、感嘆する。黒褐色の血を固めたソンジといわれる破片が入っている。葱《ねぎ》、豆モヤシ、ハクサイ、それをかき回すと、御飯が見える。牛のスープで煮てある。薄い味噌《みそ》味で悪くない。

「これは二日酔いの朝に食べると、いっぺんに二日酔いが治りますよ」と馬くんが言う。昨日は、少々飲みすぎたのでちょうどそれを試すにはいい。これはおせじ抜きにうまい。しばらく食べてから、この店の自慢のコチジャンをいれて食べる。これでピリッと辛くなり味に厚みがましたようでう

血を固めた豆腐のようなソンジ。モヤシ、葱、わかめ。とびきりの自家製コチジャン。いろいろな種類のキムチ。飯。

まくなった。それに、キムチを食い、カクテキをヘジャンクックに入れて食う。半分ほど食べていると、体中がほてり、体中の毛穴がいっせいに開き、一つ一つの穴から汗がじーっと滲《にじ》み出てくるのが分かる。額から鼻にかけて汗が流れてくる。鼻をすすりヘジャンを食う。

目の前の壁に、この店を紹介したうす汚れた小さな雑誌の記事が出ている。この店のうまさをほめそやしているのだろう。そんな文章をつづったハングル文字の間にへジャンとは漢字では「解腸」とか「解酊湯」はヘジョンタンとなると書かれていた。

腸を解くか。なるほどなるほど、そうなのか。たしかに二日酔いは頭も痛くなっているが、腸も奇妙に捩《よじ》れてしまっている。

たしかに腸をやさしくしてくれる。うまいネーミングだなァと感心してしまった。文字通り、それを解く効力があるのだろう。

あまり熱心に目の前の記事をながめていたら、ヘジャンとは「迎え酒を飲む」という意味であると馬くんが言う。そして、高さんは全州では朝まず人に会うと「ヘジャン・ヘッショムニカ」という挨拶《あいさつ》の言葉をかけるという。

「ヘジャンを飲みましたか」ということらしい。文字どおりだと二日酔いの酔いざましは飲みましたかと、いうことになるのだろう。全羅道の人は毎晩、酒を二日酔いになるぐらい飲んでいたのだろうか。昔からの朝の挨拶言葉なら、かなり豊かな生活だったのだろうか。酒などそう飲めなかった時代だ。いずこの国も酒は食費などと比べかなり割高いものだ。お互いに朝の挨拶になるくらい飲んでいたのかちょっと疑問が残るが……。二日酔いをするほど飲めたものだろうか。お互いに多少の見栄《みえ》とお世辞も含まれているようにもおもえる。それにしてもヘジャン・ヘッショムニカとはおもしろい挨拶だ。

さて、ヘジャンに入っている血の塊だが、これとおなじものを香港《ホンコン》でも見たし、酸辣湯というスープにも入っている。韓国の市場ならどこにでも売っている。このヘジャンに入っている血の塊は、うまい。それに豆もやしも、ハクサイもよく煮てあるので、とろけるようにやわらかい。すっかり頭のふらつきも無くなったような気がする。それにしても体が熱い。外の風に吹かれて気分がいい。

その店を出て馬くんのソウル支店に行くことになった。高さんがそこの支社長である。

次の日も二日酔いだった。昨日はたまたまぼくの誕生日だった。とにかく焼き肉屋からはじまりポチャマチャというテントばりの飲み屋、民謡酒場でビール、韓国の焼《しょう》酎《ちゅう》・ジンロ、韓国のドブロクであるマッカリまで飲んだ。そうなると結果は悲惨なものだ。

今朝もヘジャンクックにしようと思っていたら、おなじようなソルロンタンを食べに行こうと馬くんが言った。ぼくは二日酔いでロバの目になった顔を洗い、そのソルロンタンを食べるために外に出た。

ソルロンタンは雪濃湯と書く。これは当て字らしい。モンゴル語の「シュリュ」という言葉が訛《なま》ったものである。十三世紀から十四世紀にかけて朝鮮半島を征服したころにモンゴル人が、食べていたものがつたわったのだといわれている。これは牛の頭、内臓、あばら肉、すね肉、骨などを大きな鉄鍋《なべ》にいれ一日ぐらぐらと煮たもので、スープは白濁している。

長年使っているのだろう。縁が欠けたりしている。この器にヘジャンクックを注ぎ、火にかけ沸騰させるのだ。

目の前に前日のヘジャンクックとおなじ小さな素焼きに黒い上薬をかけたような粗末な陶製の器に、米のとぎ汁のようなスープとぶつ切りの肉片が入っていた。

馬くんはこのソルロンタンはなんの味もついていないから、ここにある塩かカクテキを入れたり、コチジャンを自分の好きなだけ入れて味つけしてから食べるのだと言った。しかし馬くんも、高さんも、なにも味つけしないで飲んでいる。ぼくもそのままスカラックですくい飲んでみた。おやっとおもうほど淡白だが、しかし、牛肉の骨や内臓、頭などを煮続けたものだ。しだいに濃厚な肉のエキスが溶け込んだ滋味を感じる。塩味だけでもうまいが、まっ赤なカクテキをドボドボと落とし肉片を齧《かじ》るとな

いかにも身体にいいとおもえる。肉もとろけるようだし、スープも一頭の牛のあらゆるエキスを含んでいる。

んともうまい。熱いスープとカクテキの、歯の芯《しん》に凍《し》みるような冷たさがなんとも妙味だ。御飯をスカラックでよそい辛くなったスープに浸し食べる。

　このソルロンタンも二日酔いにきくといわれたが、なるほどだとおもった。二日連続でしたたか飲み、二日酔いになったが、この二日目のソルロンタンで頭も腸も軽くなった。さて三日目の朝はどうなっているのだろうか。馬くんに聞くと、この店にトガニタンという牛の膝《ひざ》あたりの肉だけを煮込んだものがあるから、今夜もしたたか飲んでも大丈夫だという。そのほかに、コリコムタンという牛の尻尾《しっぽ》・オックステールのスープがあるという。コムとは「よく煮込む」という意味で、ソルロンタンと材料が牛の尻尾というぐらいでほとんどおなじだという。じゃあと二日はＯＫだというと、チョクタンもあり、ネジャンタンもある。コムタン、ユッケジャンもあるからまだまだ大丈夫という。

香港飲茶《ホンコンヤムチャ》

香港＊ホマンティン他（1970年）

香港の大きな通りから一歩、裏町の路地へもぐりこんでいくと奇妙な幻想を誘うような場所に巡りあえる。派手な紅緑に塗った中国式の寺や一人でミシンを踏んでいるだけの中国服屋、モヤシの根と頭だけを指で抓《つま》んで山のように積みあげている老婆《ろうば》。

早朝なら、二十人ぐらいの老若男女がちょっとした広場でゆるやかな動きの太極拳《たいきょくけん》をやっている。ケバケバした紙の船や棺桶《かんおけ》を売っている葬儀屋、椅子《いす》を一つだけ路地の端に置いた散髪屋、牛の頭がゴロリと道端に転がっておもわずとび退《の》くほどギョッとする肉屋の店先、黄色いシュウマイだけを売っている屋台、蛇の看板がある蛇の料理屋、いかがわしい舞踊廳、大きく描いた顔になにやら墨で書きつらねた布地を入り口に掛けてある小さな占い小屋、坂道にねそべっている犬、そういえば猫は見たっけ⁉

白い粥に油條をちぎって……。これが朝食としてはいちばんやすい。ピータンを添えると少し高くなる。粥とピータンは合う。

空腹になれば、そんな路地の、あまり清潔ともいえない屋台に首をつっこむのもいい。しかし、女の子はそんな所へは行かぬほうが無難だろう。もうちょっと大通りを歩いたほうがいい。それでも十分おかしなものに巡り会える。そしてお腹《なか》が空《す》いたら飲茶をすればいい。

香港の朝は早い。すべての店は昨夜からほとんど眠っていないようにおもえてならないほどだ。

僕らはホマンティンのマンションを借りて、一月半ほどマンダリン・ホテルを引退した張さんに毎日、料理を習っていた。朝の十時ぐらいから、張さんがやってきて、その料理を作りはじめていた。その日に作ったものは昼に食べてはいたが、朝食は外

湯葉で肉、筍などを包み蒸したものだ。点心は、やはりあげたものより蒸したほうがうまい。点心のほとんどが蒸したものだ。

で食べることにしていた。朝はたっぷりの時間がある。いろいろな通りを散歩し、ころあいなときに、その日の気分で粥《かゆ》か麺《めん》を食べることもあった。しかし、たいていは飲茶。

借りていたマンションからさほど遠くないところに蜂《はち》の巣のような部屋数だけが多い団地があり、その一階に広い飲茶を食べさせるところがあった。

その団地は台所のようなところも狭く、朝食などは作らず、朝はそこの住人がやってくるのだ。どれだけのテーブルがあるのか数えられないほどだ。赤ちゃんから老人まで、点心を食べている。そこには麺もあり粥もある。自分の部屋にいるように、小さな子供はもちろん若い女の子でもパジャマ姿でやってくる。今、ベッドから起きてきたばかりのようなぬくもりと匂《にお》いをくっつけたまま、テーブルについている。そんな隣に座るなんて奇妙なものだ。ばあさまの隣よりもうれしい。

気軽に入れるのが飲茶だ。

ぼくらはカミさんと助手と四人で、飲茶を食べにいっていた。当時は、まだ、おばあさんが首から紐《ひも》を掛け、台のうえに黒くなった小さな蒸籠《せいろ》をいくつもつみ重ね「ハーカオシューマイ、ハーカオシューマイ」などといいながらグルグルと店の中を回っていた。次の年ぐらいから小さな車のついた乳母車ほどの大きさの台のついたワゴンになった。やはり首から紐で吊《つる》しているほうが風情《ふぜい》があるとおもっている。今でも黒い中国服をきて昔のままの店もあるが……。

近づいてくると、蒸籠の蓋《ふた》を開けてもらい、その中身を確かめて食べたいものがあれば、それをもらうことにした。

点心は時間によって違う。朝早い時に行くと、包子・パオズなどが多い。力仕事にでる労働者が腹拵《ごしら》えに食べるためだ。やはり腹持ちがするものを選ぶ。蜂蜜叉焼包《はちみつチャーシュー》などが好まれている。やや甘いタレで煮たチャーシューを詰め、ふっくらと蒸しあげたものだ。これも店によって大きさは違う。何杯かの茶と手にあまるほどの大きなものになると二つも食べると腹一杯になる。僕も食べてはみたがこれを食べてしまうと、後から出てくるものが食べられなくなるので、なるべく食べないようにしていた。同じようなものに生煎菜肉包があるが、蒸した後、片面を焼いてある。これはやや小ぶりだが、なかなかなものだ。

　それから小さな点心が現れる。蟹皇乾焼賣は豚肉の焼賣で、その上に黄色い蟹《かに》みそがちょこんとのっている。鮮蝦餃はエビ入りの蒸し餃子。羅蔔米恙はいわゆる大根もちといわれているものだ。米の粉に干しエビと中華ハムのみじん切りを混ぜて蒸したものだ。これもぼくは好きで食べるものの一つだ。そして山竹牛肉球がなかなかうまい。熱く蒸しあげられてあるのをふうふういいながら食べるのだ。皮に包まれていないが、これも菜普といわれているメニューでは焼賣の中にある。ついでに点心のたのみ方だが、その店のその日にできる点心を印刷した料理のうえに印をつけそれで注文するのと、前にも書いたが、まわってきた蒸籠の中身を見て注文するものとがある。その店によってシステムが異なるが、たいしてむずかしいことではない。

　また点心を注文しよう。おやとおもうものがある。小枝を短く切ったものがある。汁蒸鳳爪。文字だけ見たらいったい何だろうとおもわれるかも知れないが、鶏《とり》の脚先を豆豉とオイスター・ソースで味つけしたものだ。なかなか乙なものだ。

この艶やかで、てろりとしているのが腸粉だ。何ともうまく表現したものだ。朝の胃にやさしい。

もう一つ。油鮮竹巻。豚肉やエビのすりみをゆばで巻いて、やはりオイスター・ソースで味付けして蒸したもの。

ぼくは必ず食べるものがある。腸粉（チヨウフェヌ）というやつだ。朝の胃になんともぴったりするものだ。朝になるとまず、粥店などの店先でも、米の粉をといたものを薄く延ばし、モウモウと白い湯気をあげて蒸している。それをくるくると巻くのだが、その間に、牛の肉、エビなどのすりみを巻いてある。腸にとても形が似ているから、このような名前になったのだろう。飲茶に行ったら、必ず口にするものだ。とろりとした食感が気持ちよく、とてもうまく、クセになる。

この団地のしたの店ではのんびりしては

蓮の葉で包んだ肉粽だ。蓮、八角、珍皮の香りと豚肉、香腸、筍、椎茸、鶉の卵、ギンナン等々がふんだんにはいったものだ。

いられないが、ホテルやショッピングセンターなどに入っているところ、町中での高級な店ではゆったりと、中国全土から集められた銘茶など飲みながら、好きなものが来るまで待っているのだ。茶はどれを選んだらいいのか迷うほどであるが、その店のもっとも飲まれているもので充分だ。

お茶がなくなったら、急須《きゅうす》の蓋をずらすと、すぐにお湯を入れてくれる。このときちょっと変なしぐさをしている。謝々というかわりに、人さし指と中指でお辞儀をするようにテーブルをトントンと叩《たた》くのだ。はじめは一体なにをしているのかとおもったが、感謝の気持ちを表すシグナルであった。

たいていの店は七時からだが、朝など、

時間によって座っている人の職業が違っているといったが、九時もすぎると、いろいろな店の店主などが、漢字だけの新聞（当たり前か）など読み、のんびりとやっている。そんなムードにドップリとつかりながら、小さな皿のなかの点心をじっくり味わうのは気分がいいものだ。

昔はそんなところで商売の情報を得たり、お互いの健康な姿を見せ、世間話などたわいもない会話をたのしんでいた。そんな仲間の中には、自慢の小鳥を凝った籠《かご》にいれ、それをぶら下げてやってきた者もいた。その鳥籠を掛けるところがあり、そこにぶら下げ、小鳥の声など聞きながら点心をたのしんでいたと老人から聞いた。今ではそんな優雅な気分は薄れたが、それでもなかなか風情のある店も何軒かはある。その中でも老舗《しにせ》中の老舗が陸羽である。この「陸羽」には、鳥といい鳥籠といい、すばらしいものが集まった。茶室の騒々しさにも拘《かか》わらず、自分の鳥・目白が高音を張ると、そわそわし、鳥の自慢をしあうのだ。しかしそんな優雅な雰囲気とは別に、ここは仕事を円滑に進める社交の場所でもある。当時から、この「陸羽」には、高位高官、政治家、銀行家、実業家が集まってきたのだ。それは今でもかわらない。なぜ四十数年もの間、この茶屋がすばらしい客であふれているのか、というぼくの問いに、この店のオーナーは、「茶」について話しはじめた。

この茶室の名前が「茶経」を著した陸羽に由来していることはいうまでもないが、この店は、とにもかくにも、最高のお茶を使うように心掛けているのだという。普耶茶や六安などの茶は、時を経ると、その味、風味を増すのだが、これに関しては、新しいものでも、15年。古いものは60年以上経《た》ったものすらあるのだ。茶を、しかも最高の茶を揃《そろ》えておくために、中国各地のそれぞれの産地に茶屋を派遣し、そうして集めた茶は特別な倉庫にいれ、熟成させているのだと、少々自慢げに彼は話してくれた。勿論《もちろん》、特別の注文さえあれば、60年を経た普耶茶だって出しますよ、とも。

茶を飲み、点心をつまむ。軽い食事として点心に重きを置く店は、星の数ほどあろうと言うものだが、茶を飲み、友と語らうといった部分に重きを置く店は、香港といえども、そう簡単に見つからない。そうした飲茶の本流を汲《く》むという意味では、たしかに「陸羽茶室」は香港でもっともプライドのある場所といえるだろう。

ぼくはなんどもそこへ出かけ点心の神髄を味わった。

香港での数日の旅なら、朝食そして後の二食も飲茶だけにしても、すべての点心を食べきれないぐらいの数がある。

朝に口にする小さな点心には中国料理のすべてのエッセンスが入っている。それを食べないなんてもったいない。朝はやっぱり飲茶である。

虱目魚肝粥《スームユィチヨウ》ってどんな粥《かゆ》

台湾＊台南 (2000年)

「スームユィチョウという魚の粥があります。台南へ行ったらお連れしましょう」と台北から台南へ行く飛行機の中で知り合った張さんがいった。

さすがに台南は暑い。台南に着いて、数日、朝食をいろいろと食べた。

明火白粥というただ米をとろとろに煮たものに、油條をちぎり入れて食べた。その他にもレバーなどのいろいろな内臓を熱湯でゆがき、それを入れた粥、薄く切った生魚のうえに舌が火傷《やけど》しそうな粥をかけたもの、それに豪華な鮑《あわび》入りもある。とにかく毎朝違うものを食べても、粥麵専家の壁に書かれている粥を食べきれない。毎朝のように通っていたら隣の店の大きな鍋《なべ》で白いものを煮ている。同じ白でもやや黄色みをおびた白である。

次の朝、そいつをプラスチックのケバケバしい椀《わん》に入れてもらい、油條と食べてみ

目の前は車がひっきりなしに通る大通り。小屋もおそろしく粗末。うまければ繁盛する。中国人の実利主義である。

た。それは牛乳ではなく豆乳であった。爽《さわ》やかである。でも日本で飲んでいたものよりも濃い。ひょっとしたら豆腐を作る時の副産物ではなく、大豆そのものが混じって入っているとおもわせるほど濃厚だった。それを食べていると、家で飲むのだろうか、ビニール袋に入れ、ぶらさげていく。とにかく粥でも、麺《めん》でもビニール袋に入れて、家へ持ち帰る人が多い。

家で朝食はほとんど作らないのだろう。朝はいずれの店も込み合っているし、テイクアウトも多い。

台南に着いて四日ほどたった日の朝、張さんから電話があった。約束していたスームユィチョウを食べに行きましょうというのだ。

奥さんと一緒にやってきた。車でしばらく走ってその店に着いた。

とにかく広い。百人は座れるだろう。入り口の車道に向かって調理場がある。そこには二つの鍋《なべ》があり、魚の頭だけを茹《ゆ》でる大きな鍋があり、その隣に粥が入っている。とにかく目の前に積んである二十個の丼《どんぶり》の列があっという間になくなっていく。丼にドバーッと注ぐ。丼から溢《あふ》れそうだ。そして手づかみで、油で揚げた小さく刻んだニンニクを散らし、シャンツァイを投げ込む。するとそれをここで働いている大勢の女の人がテーブルに運ぶ。

ぼくらもあいているところを見つけ座った。

虱目魚肝粥という文字が店の奥に見える。

白い板に黒い文字で値段が書いてある。

虱目魚肝粥　八十
虱目肝　五十
魚頭　三十
魚腸　三十
魚皮　三十

油條　十
肉粽　三十
菜粽　二十五

何とも奇妙な魚の名前だ。粥だけでなく、肝、腸、皮だけの料理もあるようだ。しかし、虱《しらみ》という字にちがいない。とても変な名前の魚だ。

目のうえは、厚い透明な膜で覆《おお》われている。たしかに虱のような色彩の膜だ。ボラは日本では秋になると脂《あぶら》が乗り、目のまわりに脂が乗ってくるのだと聞いたことがある。どうしてあのようになるのだろう。

粥に小ぶりの牡蠣《かき》と虱目魚の切り身、内臓、シャンツァイとショウガの千切りをのせる。皮、腸、肝が、また、うまいという。

粥の他にもその粥のとなりの大きな鍋に魚の頭だけを煮たものがあったが、丼に頭を二個ほど入れ、ショウガの千切りを散らしただけだが、それをタレにつけて食べている人も多い。それも食べてみたいが、粥だけでも相当な量だ。張さんはあれも食べますかと言ってくれた。じゃあ、いただきますと言った。

目の前の人はその頭を箸《はし》でほぐし、骨に付いている身や、虱色の厚くかぶさった半

丼に虱目魚の頭が二個転がっている。ただ茹でただけだ。醬油と酢、ショウガの千切りのタレをつけて食べる。

透明の膜を、うっとりとして食べている。粥には身がほとんどで膜は入ってはいない。粥はじつに滋味であった。だが、あの膜は食べてみたい。粥に入れる身をとった後の捨ててしまうようなところを食べさせるのはいかにも、ウマイところを知り抜いている中国人の食感覚の鋭いところだろう。

粥を半分ほど食べ、魚頭が入った丼がきたので、頭をほぐして食べた。魚や肉でも骨の回りについている身がうまい。ぼくも魚の食べかたは下手ではないが、目の前の人からはまるで洗ったようにきれいな骨の断片が口から吐き出される。いささかお行儀は悪いが、細かい骨はいちいち箸でつまむほうが面倒だ。ぼくもまねてペッペッと目の前のテーブルに吐きながら、骨に付い

この目の前の丼があっというまになくなってしまう。横の男はおやじが粥を入れると刻んだ葱をいれるだけの役目。

ている身を舌で外した。中国式マナーでは、それは悪いとはいえないのだ。

目の回りのところを剝《は》がし厚い膜を口にした。とろりとした膜が上等な海鼠《なまこ》を煮たもののように繊細な舌触りである。これがまったく安い金で食えるのだからうれしいとだれもが思うだろう。頭を崩し、頭の内部をつまみ、タレをつけて食べる。酸味のあるタレとよく合う。また、粥を食べる。わずかに骨が舌にあたるが細かくなっている身と米と混ざりうまい。張さんと奥さんは、ぼくの食べっぷりを見ながら、どうですかと聞く。

「もちろんはじめて食べるのですが、とてもうまいです。それに頭は、なんとも味が複雑で、うまい魚ですね」

「この魚は台南で養殖されているので、本当に生きたままこの店に持ってこられるのです。魚は生きていなくてはなりません」と言った。

この魚の身は、そんなにクセもなく、淡白な味だ。その淡白さがいい。南方系の海水魚。暖水性の群遊魚で、水温が十度に下がると死んでしまうらしい。

しかしそれにしても熱い。しかし熱い粥を食べ、汗は流れるが、食べ終えた後の気持ちはいい。

茶粥《がゆ》の憂鬱《ゆううつ》・中国粥の豊饒《ほうじょう》

日本（1945年）

今まで、中国、韓国、タイをはじめとする東南アジア、そして日本の粥を食べてきた。

それぞれの国の気候風土に合った粥がある。

粥は、その国の料理の贅肉《ぜいにく》をすみやかに剝《は》ぎとった料理である。しかし、ここ数年、東南アジアを巡り、今までなれ親しんできた粥とはかなりの違いがあることに気がついた。たしかに中国、東南アジアの粥は、濃厚で栄養価の高い粥が多い。

子供のころから朝はかならずといっていいほど食べていた茶粥などとは比べものにならない。粥の持っている清浄脆弱《ぜいじゃく》なイメージから遠く濃厚である。率直にいうならぼくらが食べていた粥は、貧しく忌《い》まわしい食べ物である。わずかな米にその十倍ほどの水を注ぎ煮たものだ。まがいものの食べ物であった。そうとばかりおもいこんで

魚皮、茹でたレバー、茹でた野菜にオイスターソースをかけ、ピータン、蜆のニンニク醬油漬けなどをつまみながら粥を啜る。

いた粥のなかに、肉魚鳥獣内臓などがふんだんに盛り入れられて食べられているということを知り、これが、粥なのかとおどろくばかりであった。

　これが中国の粥である。

　漢方薬を入れた粥がある。漢方の他にも松の実、クルミ、鳥獣魚の肉をもふんだんに使う。朝、これらの粥の一鉢でことたりるほどの豊饒な粥である。

「羅富記」という店のメニューには、鯪魚球粥、三及粥、鹹痩肉粥、鮮魚片粥、滑牛肉粥、肉片粥、肉丸粥、猪肝粥、鮮鯇魚粥、猪腰粥、鮑魚猪肝粥などがある。

　韓国にも、春の野原に出て芹《せり》、蓬《よもぎ》などのあらゆる野の草を入れる粥がある。その他に肉や鶏《とり》、朝鮮人参《にんじん》、松の実などふんだんに入れた粥もある。やはり濃い。そんな粥を食べた翌日の朝は、肌が脂《あぶら》っぽくなる。餅《もち》米を使った粥もある。赤ん坊を生んだ母に与え、乳がふんだんに出るように食べさせる粥である。

病人に力を与える粥もある。

もっとも、清浄化したのが白粥だろう。日本だけではない。もちろん中国、韓国でも白粥が基本であるが、そのまま食べるにしても、さまざまなおかずと共に、また粥にいろいろなものを混入させる。

白粥は料理の快楽原則からいえば、毎日の食卓にのせるというものではあるまい。だが、たまに食べてみたくなるものだ。特に口が奢《おご》り、贅沢になったとき、胃腸が疲労したおりなど一杯の粥にすくわれるときがある。

普段は、白粥のみを食べるという気はあまりしない。が、中国の朝でも、もっとも安あがりにしようとおもえば、白粥と油で揚げた油條をちぎって粥に入れ食べている。

粥の中に具を入れる。中国ではぼくの知るかぎりでは一緒に煮込むということはしないで、具はべつべつに湯通しをしたりして火を通す。あるいは魚などは薄い片に切り下味をし、グツグツ煮た粥をかけてその熱で煮てしまうというのがほとんどだ。その中の具だが、値段の高低によって、粥のなかに入るものに違いがある。ふんだんに入った具の豊富さには、粥のもつ貧困さや陰湿さは無い。ひたすら豊饒で、むしろ積極的な食べ物としての印象が強い。

ぼくが長年食べてきた茶粥は、しかし、水と対になった食である。米が1にたいして水が10よりも多い。あまりにも誇張しているとおもわれるかもしれないが、それが基本の米と水の比率である。

このサラサラした茶粥は奈良と、ぼくの育った紀州の朝食の典型である。寒い冬、暑い夏の朝なども茶粥は、まずくはないが、子供の味蕾《みらい》には単純すぎるし過剰なエネルギーの放出を必要とする子供には、悲惨だった。未発達の子供の舌には粥の清薄な味覚はものたりない。それに腹が蛙《かえる》のようになるまで食べても、ものの一時間もすればば、ペシャンコになってしまう。いくら食べても、育ちざかりの子供のころは、すぐ腹が減ったものだ。少しばかり粥の味にたいして寛容になり、うまいとおもうようになったのは、大人になってからだ。

茶粥はじつに淡白な食べ物である。でも、秋の収穫時期には米の濃厚な味を感じたものだ。もっともまずいとおもったのは、夏である。井戸に吊《つ》るしておいた冷たい粥を古漬けのキュウリと一緒に食べるのだが、これは、なさけなかった。酸っぱいだけの漬物と冷たい茶粥を食べても、子供がうまいと感ずるものではない。しまいには、

しゃぶしゃぶの粥は、米だけならまだしも、薩摩芋入りとなると、見ただけで嫌になった。

黒くなった茶袋を干してあるのを見るのも嫌になっていた。

茶粥は米が煮えてくると、茶を入れた袋を釜《かま》のなかに入れしばらく、米が琥珀色《こはくいろ》になるまで煮た粥のことである。

粥は病人の食べ物であったり、少ない米に水を何倍もたすことで一時の空腹を満たすのに役だつ物であった。マイナーなイメージが強い。貧しい人々の食べ物であり、病人の食べ物であった。できれば誰もが、余分な水など足さず、米の飯が食べられればと願っていた。貧困がそうさせてくれなかっただけだ。かつては日本全体が貧しかった。さほど遠くない時代には米を腹いっぱい食べるということが、大変な贅沢であった。銀シャリといって崇《あが》めたほどだ。

茶色いこの茶粥は、今でこそ、ときおり、食べて見たくなることがあるが、子供のころはうんざりした。

「銀シャリを腹が裂けるほど食いたい」これが庶民の願いであった。

少ない米で腹を満たすには、それは粥にするしかなかった。あるいは他の雑穀を混ぜる。かぎられた米をふやすには、やはり水だ。米1に対して10倍から、ときには15倍をくわえた。ほとんど水のような粥でも、水よりはましであろう。サラサラの粥にしていた。

水の比率を少なくすれば粥は濃くなっていく。白粥は水と米との率で何分粥といわれる。もっとも、現在なら個人の嗜好《しこう》によって水の量を加減すればいい。米なんてふんだんにある時代である。なんという贅沢な時代だろう。しかし、おかしなもので、ぼくなんか紀州の朝粥として有名な茶粥を

二十数年前だろう。故郷に帰ってひさしぶりに母の茶粥を食べた。散々いろいろなものを食ってきたが……。なんという茶粥の滋味。

食べて育ったせいか、水の多い粥が好きである。あまり濃いとどうも糊《のり》を連想させられ好きではない。中国粥のように米粒が見えなくなるほど炊《た》き、白く艶《つや》やかに乳化してしまっているのは、白粥のみを食べるというにはあまりうまいものではない。やはり具がいる。

茶粥の炊き方

米を1にたいして、水が10から15であることは前にも書いたが、その水の比率を変えることで粥の濃度が違ってくるが、基本はあくまでも1対10以上である。

1　米を洗い、鍋に水を入れ、はじめは強火で、沸騰《ふっとう》してきたら、ほうじ茶をいれた茶袋を入れ、米がはじけるような状態になり、茶がしみこみ琥珀色になるまで煮る。
2　茶袋をとりだし火を消す。
＊茶袋は綿布で縦15センチ横10センチの袋を作る。袋にほうじ茶を入れたときに上部を縛る木綿の紐《ひも》を縫いつけておくと便利である。

ぼくの手元に粥麵専家のメニューがある。粥の種類をざっと挙げてみても数十種類はある。

香港では、朝早く、店があいている。そんなところへよくでかけた。レバーや肉片をぐらぐら煮たったところへ麵でも茹《ゆ》でるように、さっと茹で、縁のかけたようなボウルに入れ、ドロドロの熱い粥を注ぎこんでいる。これなら栄養も充分だろう。昼まではもつ。そこでは、朝の出勤前の人たちが、熱い粥を食べている。

ぼくなんかは、昨晩の刺身の残りなど利用して、ときには、やはりレバーなどくわえて食べているが、これはなかなかうまいし、充分、昼まで腹はもつ。茶粥とわけが違う。『随園食単』には中国粥について、汁気だけ見えて米粒が沈んでしまったり、米がさきに目につき、汁気が少ないのは、いずれも、粥とはいえない。水と米の量がほどよくやわらかくなめらかに溶けあって一つになってこそ、はじめて粥といえるとある。

さて、粥といえどもなかなかであろう。

中国粥の炊き方

米—500g
腐竹（乾燥させたゆば）—100g
たいらぎの貝柱—80g
塩—20g
重曹—4g
水—12リッター

1 腐竹は水に30分ぐらい漬けたあと、水気を切り、重曹をよくまぜて、更に10分ほど漬ける。
2 米は洗っておく。
3 大きめの鍋に、水12リッターを入れ強火で煮たたせ、沸騰してきたら、貝柱、米、腐竹を入れ、弱火で2時間煮る。その後、塩をする。

京都の旅・剛《つよし》くんとの朝食

日本（1999年）

ひょんなことからスマップの人気者の草彅《くさなぎ》剛くんと京都へ旅をすることになった。八月のある日、剛くんが突然、ぼくのスタジオへやってきて、どこか一緒に旅に行ってくれませんかと言う。いきなり言われてもこちらも戸惑う。スタジオでぼくは料理の撮影をしていた。剛くんはスタジオでうろうろしていた。とにかく灼熱《しゃくねつ》の京都へ行くということになった。

次の日の夜になった。お互いに仕事も残っていたので京都まで深夜バスで……。バスに乗った。とにかく剛くんのことを知っているといってもテレビをとおしてだけで、なにも知らない。見た限りではスターにしては素直な感じだ。剛くんもぼくのことは多少は本などで知っていても、まったく知らないといっていい。バスの中からとりあえずビールを飲みはじめた。話をするといってもかみあう話などそうあるわけではない。ほとんど四十歳に近いぐらいの年齢の差がある。息子と同じ年齢だ。家でも一言、二言と冗談のようなことは言い合うが、じっくり話をするなんてことはあまりない。とにかくビールを飲むしかない。ビールの酔いと仕事疲れで二人とも眠ってしまった。夜が明け朝の光がバスのカーテンを透かして光ってくるころ、京都駅前に着いた。という、ストーリー仕立てのコンテは東京駅からバスに乗り込むまでは、二十日ほど前にプロデューサーから聞かされていた。テレビの『スマップ・スマップ』の特別番組の企画であった。テレビは何度か出演しているとはいえ、ずぶのしろうとである。テレビカメラがバスの中に二台も回っている。それも二十四時間回し続けるという。後で京都に着いたらもう一台のカメラも増えた。

寝不足とビールの飲み過ぎでいささか体もふらつき、頭もすっきりはしていない。剛くんもこんなに早く起きることは滅多にないと朦朧《もうろう》としている。そこへカメラが遠く近くでこちらを狙《ねら》っている。録音用のマイクもある。

さてどうしようかと思っていた。京都に着いたら西川さんがリードして、どこへでも行ってくださいと、ぼくはなにも指図もしないし、ああしろ、こうしろとはいいませんから。それだけいうと演出家の李《リ》さんはカメラの後ろにかくれてしまった。この後も戸惑って助けをもとめて目をみてもぷいと横を向いてしまう李さん。スタッフはただ付いていくだけですからと、京都の街で放り出された。ぼくは紀州の育ちだが大阪くらいならなんとかわかるが、京都は仕事で三度か四度ぐらいしかきていない。そんな回数ならほとんど知らないに近い。

夏か。そうだ夏のあいだは朝粥《あさがゆ》があるはずだ。とりあえずその朝粥を食べさせてくれる瓢亭《ひょうてい》へでかけてみることにした。個室の部屋もあり朝粥でも食い、ごろりとしていればいい。タクシーに乗り南禅寺にある瓢亭へいくことにした。

茶室のような四畳半の部屋に入ると、同時に二人は畳の上にごろりと寝転んだ。庭木を渡る風はわずかながらある。白い障子を閉めたいのだが、庭からもカメラが睨《にら》んでいる。とにかく冷房を強くしてもらう。

当然、朝粥をたのんだ。やはり冷たいビールを飲みたい。ビール二本をたのむと剛くんは、またビールを飲むんですかというから、旅に出たときの醍醐味《だいごみ》は朝からビールを堂々と飲めることなんだと言う。きれいな頬がゆるんで笑った。

熱いおしぼりがきて顔を拭《ふ》き、小ぶりなグラスに夏の薄手の着物を着たお手伝いさんが、ビールをついでくれたのを一気に飲む。剛くんも飲む。おもわずうめえーと唸《うな》っていた。

粥をひらたい盆にのせてはこんできた。白い粥が漆の大振りな椀《わん》に入っている。薄味のついた冷たい葛《くず》をかけて食べるのだが、温泉卵、白身魚の焼いたもの、野菜の煮物、胡瓜《きゅうり》、茄子《なす》、キャベツ、紫蘇《しそ》をちりばめた漬物が小鉢に入っている。

刺身、焼き魚や煮物でビールを飲んだあと、熱い粥に冷たい葛をかけてさらさらと食べる。

白い粥の滋味に鰹節《かつおぶし》のきいた葛の爽《さわ》やかな舌触りとかすかな醤油《しょうゆ》の味がなんともうまい。剛くんもこんなうまい粥は食べたことないよと言う。食べ終えると再び畳の上に大の字になって転がる。夏の畳の心地好さでおもわず眠りそうになる。

瓢亭から、再び、湿度が高く、おまけに風もそよりとしない街に放り出された。

錦《にしき》市場へでかけた。ここは何度か撮影や取材にきている。しかし今日ばかりはすごい人だかりだ。「つよしくん、つよしくん」と若い女の子から小母さんまで黄色い声がとびかう。剛くんについているおじさんは誰なのとばかり白い目で見ている。それに懲《こ》りて人の少ないところだろうと嵯峨野《さがの》を巡り、小さな骨董《こっとう》屋、剛くんのコレクションであるジーパンを集めている店をみつけ、突然、そこにも入る。だが、すぐに剛くんを見付け、人が群がってくる。人と人、それにカメラが回りっぱなしで緊張し続け、くたびれはてて旅館についた。風呂《ふろ》に入る。剛くんが背中を流しましょうなんていってくれて、石鹸《せっけん》をつけて洗ってくれた。小さな窓からカメラが回っている。

浴衣《ゆかた》を着たら、旅館のおかみさんが「おつかれやす。たいへんどすな」と言って冷たい麦茶を持ってきた。

「アワの入ったやつをおねがいしますよ」といってしまった。再び、ビールを二人は飲みはじめた。

「将棋をしましょうか」とコップを片手に持って剛くんが言った。

床の間にあった将棋を見つけたのだろう。剛くんが将棋をさすとはうれしくなった。ビールを飲みながらさした。

夕食をとり再び、深夜近くまで京都を歩いた。べろべろに酔って布団《ふとん》へ剛くんとプロデューサーに手と足を持たれ運ばれたらしい。前後不覚。後でビデオを見るとそうなっている。次の日は、当然、二日酔いである。剛くんも何年ぶりかの二日酔いだという。

「頭が痛いよう。つらい、つらい」と言う。とりあえず風呂に入り汗を出す。出てくるとおかみが「京都はあついさかい、大変どすやろ」

ぼくらはただうなずくばかりだった。

食卓に湯豆腐が出ている。

「夏でも湯豆腐をだすんですか」とちょっと意外な感じがして聞いてみた。

「そうどす。ここいらは夏にも朝食に昔から出しています」と言った。

そうかこの蒸し暑い夏に熱い湯豆腐もわるくないだろう。汗をふきふき食べる熱い湯豆腐。冷奴《やっこ》にはない、食べた後には壮快感があるだろう。それにしてもまた、ビールは飲みたい。

「ビールをください」

「また、朝から飲むんですか」と剛くんは呆《あき》れている。

「迎え酒や」

「昨日は、たんとのまはったんどすか」

ビールがきて、ビールを飲み、湯豆腐をつつき朝から再び、なん本も飲んだ。汗が盛大に流れる。朝食も出たものはすっかり平らげた。もう京都の街へ出たくない。とにかく二人で将棋でもしようということになり冷房をきかし将棋をさした。そんなけったいな旅を三日間した。三日もテレビカメラに晒《さら》された日々、さすがにぐったりとつかれた。

十日後、そんな日々の映像がテレビで流れた。次の日から剛くんと京都を旅したおじさんだと歩いていても指をさされた。

朝から麺《めん》食い

日本 (2000年)

オイオイ、朝からラーメンかようといわれるかもしれないが、わが家では鶏《とり》ガラのスープは一年中欠かしたことがない。いくらラーメンの袋にタレなどが入っていても、湯水で溶くだけではうまくない。もし、鶏ガラでとるのに時間がなかったり、面倒だという人は鶏の手羽を使ってスープを取ることにすると、時間も短縮できるし便利だ。スープを軽くとった後に、手羽をショウガとニンニク、葱《ねぎ》のみじん切りに、塩をのせたタレにつけて食べれば、これはなかなかすばらしい酒の肴《さかな》にもなる。細切り白髪葱にトウバンジャンを絡《から》め、手羽を添えると見事な一品になる。もちろん手羽をラーメンに入れてもまったくうまい。

うどんも好きだ。ぼくは紀州育ちである。東京に出てくるまで蕎麦《そば》というものはあまり食べたことがなかった。もっぱらうどんだった。「けつねうろん」と紀州弁でいう「きつねうどん」ぐらいで、複雑なものは食べなかった。その単純なうどんの中に刻みうどんというものがある。油揚げを焼き細く切って散らしたものだ。これも時々大阪や故郷に帰ったときに食べにいく。

蕎麦でもタレがないとき大根おろしに味噌《みそ》を溶きいれ花鰹《がつお》を混ぜ、それに蕎麦をつけて食べるのがなんとも朝は爽《さわ》やかでいい。長野などでとれる飛び切り辛い小さな大根がある。たまに八百屋でも見つけることがあるがよほどのことがないと手に入らない。しかし、この数か月前からやたらとこの辛味大根が出回るようになった。辛味大根が手に入らないときは、小さめの大根でなるべく辛いものがいい。どうも大きいばかりで水っぽいのが多い。昔は涙が出るくらい辛い大根があったのですよ。なんともあじけない腑《ふ》抜けた大根ばかりになったものだ。やっとそれに気づき、やや昔風のピリッとしたものも出るようになったが……。野菜も個性的でありたい。

数種類の麺が、わが家のお手軽朝食麺である。

香港《ホンコン》、台湾、中国では粥麺専家が、早朝から開いていて、粥か麺を食べられる店がある。

もっとも朝に麺を食べるところは、ベトナムだろう。ベトナムでは朝食にフォーというう米の粉でできた麺を食べる。朝早くから大きな鍋《なべ》に数羽の鶏をそのまま水に入れ、茹《ゆ》でる。それがフォーのスープになる。

ベトナムへいくと必ず朝はこのフォーを食べることにしている。いろいろ種類があるが、必ず生野菜を麵の上にたっぷりのせる。なんともヘルシーなものだ。ぼくのように朝がもっとも食欲があるという者は、朝からモリモリということになろうが、いささか朝は食欲がどうもという人には、ベトナムのフォーなんか胃にやさしく、なんともいいものだ。

麵は胃に気持ちがいいし、手早くできる。けんちんうどんは朝から作るにはかなり面倒であるが、けんちん汁は時間のある時にたっぷり作っておくといい。ぼくは那須《なす》へいくといつも大きな鍋にいっぱい作り、朝からうどんや蕎麦など入れたりして食べている。夏は醬油《しょうゆ》、冬は味噌味にしている。野菜だけでは物足りないとおもう人は肉など入れてもいい。

野菜を細切りにし、蕎麦やうどんにたっぷり入れ、サラダ感覚にしている。野菜もたっぷり食べられる。夏などひんやりした感覚がいい。そして、キムチうどんは、ぴり辛く食欲がそそられる。たっぷりの野菜と茹でた鶏肉を細切りにして混ぜるといい。

鰹節《かつおぶし》を削る音が…

日本（2000年）

竈《かまど》の前に立ち薪《まき》を燃やしている母の大きな影が壁に揺れ、青い煙が暗い土間の明かり窓のほうに流れていた。当時は土間の一角に土で作った竈があった。栓一つで管理された炎が、瞬時に現れるなんて思いもよらなかった。火そのものを作らなければならなかった。マッチなどの脆弱《ぜいじゃく》な火から新聞紙などに移し、細く割った木に、そして薪へと大きな炎に育てていくのだ。栓の加減で炎の強弱をコントロールできるのではない。ぼくらの世代の母親たちは面倒な作業に従事しなくてはならなかった。

冬の朝でも六時には冷たい土間に立ち、朝食をつくっていた。母が起きてしばらくすると、ぼくが飼育していた鶏が薄暗い空に向かって高々と啼《な》いた。するとぼくも起きなければならない。鶏のために餌《えさ》を作らなければならないからだ。それは小学校一年から六年までつづけた仕事だった。戦後まもないころは、鶏の卵が食べ物の中でももっとも高級品であった。

ぼくが料理を多少なりとも上手《うま》くなれたのは、その六年間の鶏の餌作りのせいだ。毎朝、十数羽の鶏の餌作りはかなり辛《つら》いものだった。とにかく早くすませたい。手は自然と早くなる。毎朝、大根の葉、ハコベなどの草などを包丁で切り、米ぬかなどとまぜて作った。水加減も難しい。餌箱に餌をいれると鶏は、タイピストの指のように首を上下にふり、いっせいに食べはじめる。しっとりとして、作ったぼくでさえうまそうに感じたものだ。

三百六十五日、日に二回、それが六年間。四千三百八十回。おどろくほどの回数ぼくは鶏の餌を作ったものだ。

餌作りの後に母のつくってくれた朝食を食べる。なんとうまかったことか。味噌汁《みそしる》、イワシ、サンマなどを焼いたものが……。それに麦飯。

最後の鶏が家族の胃のなかへ消えてから、ぼくは母の朝食の手伝いをするようになった。

朝からイワシのつみれの味噌汁も作った。薪で御飯も炊《た》いた。イワシも七輪で焼いた。大根おろしもすった。とにかく大家族だった。

今は炊飯器がある。台所も暖かい。

ぼくは、今まで何冊か朝食についての本を出した。それを読まれたいろいろな人から、朝からこんなに食べるんですかと、問われた。そうですと答えた。ぼくは、朝の食事が一番うまい。

太陽がでる前に起きている。若いころからだ。朝が一番いい。

あとがき

外国での朝食のもっとも嫌な記憶は、満州から引きあげてきたときの船上で、マージャンの牌《パイ》よりも小さなカンパンが五つと小枝のような海草を海水で煮たものだけだった。いくら子供でも体を維持するにあまりにも酷《ひど》い。それまでの満州には食べ物は豊富にあった。当時としては贅沢《ぜいたく》な朝食だったろう。近くに住んでいた亡命ロシア人の家にならいジャム入りの紅茶と黒パンにバターを塗ったり、茹《ゆ》でた卵を食べたりしていた。しかし、親しくしていたロシア人と同じ国民であるロシア軍の満州国境越えで、ぼくら一家は一年間の逃亡をよぎなくされた。コウリャンの粥《かゆ》か卵一個。そんな朝食でもあればいいほうだ。飢餓で死の境界をさまよっていた。

そんな潜在的飢餓感が、いまだにあるのだろう。たとえ朝でも食事をしないなどというと、ぼくにとってはとんでもないことだ。だから朝から食べることにこだわっているのだろう。別にゼイタクであろうとはおもわないし、フツウなもので充分である。外国での朝食も、とりたてて美食をあさったことはほとんどない。

その国で食べられている朝食を、いろいろなシチュエーションで食べてきた。

どれだけの朝食を外国でとったろう。半年のオーストラリア、半年のヨーロッパ旅行、イタリアでの一年半、香港《ホンコン》での一月半、そして一年の数か月は海外での撮影。約３０００回の朝食をとったことになる。だから日本にいる時はほとんどは日本食が多い。そんな外国での旅をふくめ、一年間、朝食日記を書いて『朝食365日』（マガジンハウス）が出版された。後に、『私が食べた朝食365日』（小学館）として文庫本にもなった。

今回のものは外国での朝食について、四十年間いろいろな国を旅し、その国で食べた朝食について書いたものだ。

他にももれた国がいくつもあるが、それらの国の朝食にはここではふれていない。ごくありふれた朝食がほとんどだった。それは主旋律の裏で弾かれているベースのようなかすかな振動をつたえてくれる朝食である。ベースだけでは完成された一曲にならないようなので、そんな朝食は省いてある。

このたびは、長年の将棋仲間であり、酒を飲むという間柄である永野啓吾氏の、編《へん》纂《さん》でのさまざまな御助力に感謝します。

オリンピックを控えた、二〇〇五年六月十九日の北京の朝食

北京＊市場（2005年）

昨日、市場へいったが、昼をすぎていたせいか、買い物をしている人の数はかなり少なかった。市場にいる人間の発散する欲望も萎《な》え、森閑としていた。これではあまりおもしろくない。

今日は、朝早くから行くことにした。

七時にホテルを出た。北京の空は薄暗いスモッグが途方もない高さでそそり立っている。ひどい。

斬新《ざんしん》なビル群の大半がそのスモッグに覆《おお》われている。灰色の空気を肺まで吸い込んでいるのかと思うと、霞《かす》んでいるさまざまな物象は、ぼくを憂鬱《ゆううつ》にさせ、市場で起こるであろういつもの興奮さえ萎《しぼ》んでいった。咳《せき》がしきりに出る。締め切った車の窓から仰ぎ見るビル群は、昨日の今日、落成式をおこなったかのような、あまりにも新し

い建物ばかりである。かえって、次の日には消えてなくなっているのではと思われてしまう。

そのビル群の間を真《ま》っ直《す》ぐ貫いている市場までの高速道路も左右に車が犇《ひし》めき、揺れ動いている。これでは空気が汚染され、やがてあの白いセメントとガラスのビルは急速に老いてしまうのではないだろうかと、そんな思いに囚《とら》われてしまう。

高速道路をおり、市場へ向かった。

昨日は果物市場のほうへ行ったのだが、今朝は、野菜市場のほうへ足を向けた。人垣を押し退《の》け、進まなければならない。ただ人の群れのみで、望遠レンズではとても売っている物は撮れない。だが、そんなところへも、リヤカーのようなものを改造した焼餅《やきもち》の屋台が進入してきた。雑踏している人々の中に屋台をとめると、目の前で練った小麦粉を次々と、熱してある鉄板の上に並べていた。この焼餅は、北京の人達の典型的な朝食である。

中国でも北は小麦粉をつかった粉食で、南の方は米が主食となる。北である北京は粉食で、朝からうどんだったり、万頭《マントウ》、焼餅だったりする。

焼き上がると、人々は、その焼餅をもとめパクついていた。早朝とはいえ、買い物を終えた人たちは空腹どきであろう。ぼくもちょっと腹は減ってきたが、まだなにも

麺はとにかく長い。１メートルはある。短いと嫌われる。箸で摘みあげてもきれるところがない。啜り込むときの喉ごしは官能的ですらある。

雑踏の中に屋台をとめ、そこで焼餅をやいていた。うまそうだ。しかしこの時は写真を撮るだけで、食べてはいない。何ともそそる匂いがしていた。

大きな国だ。人も多い。野菜も豊富だし大きい。売り買いしている人たちの真剣な営みに、感動すらおぼえる。この市場の裏はビルが林立している。

撮っていないのに、焼餅など食べている場合ではない。そこに気をとられていたが、前に進んでいった。積み上げた葱《ねぎ》、大根、白菜などが並び、いろいろな中国野菜もある。長い茄子《なす》。30センチはあろうかと思われるインゲンなどなど。

客はいきなり前の野菜をわしづかみにすると、男が手にしている秤《はかり》のうえにのせていた。いくらいくらといっているのだろう。客は金を払い、野菜を受けとっていた。いずれの客の買った野菜も量は少なくない。日本のスーパーで売っているビニール・パックに包んだ少量の野菜ではなく、たっぷりである。

いずれの野菜も秤り売りで、一山とか、ワン・パックいくらというのはない。この市場も小売りであるが、すべて秤にかけている。最小単位は「一斤《きん》」いくらである。一斤は600gである。とにかく買う量が半端ではない。見ていると三、四斤。値段は、野菜にもよるが、いずれも一斤、十円程度である。

ちょっとばかり高揚した気分と好奇心まるだしで、二時間ばかり撮り、もう充分だとおもい、野菜を売っているところの一番はしに来た。にぎにぎしい野菜売り場の外れの、間口一間程の狭いところに唐辛子、八角、花椒《ホアジヤオ》などの中国料理にかかせない香辛料を売っていた。だが、滅多に訪ねる人がいないような狭い路地はひっそりとしていた。その店の主人だろう。野菜などを売っている人たちと違いなんとなく肩の力も抜け、うっすらとほこりの掛かったような唐辛子をうすぼんやりと眺めていた。

やはり、鮮度を大事にし、目の前のものを一刻も早く売り尽くしたいという魚、肉、野菜類とはちがい、乾物類は、いかなる時間の制約もない。今売れなくともいつかは売れればいい。古くなるものではあるまいしという気分だからなんだろう。どこか売らんかなのおしがない。

なに事も起りそうもない風景を何カットか撮り、もっとも憂鬱そうな男のところで、昨夜、食った四川料理に使っていた太い唐辛子、大小とかなり種類の違ったものを買った。大きなものは風味がいいのだ。

大きなものは、あまりピリピリするような唐辛子ではなく、どちらかというと辛さよりも、風味を出す唐辛子であるようだ。小さなものは、痺《しび》れるように辛い。いずれのものも、日本にはない。

二つかみほど秤にのせると、四元だという。

先程から腹がグウグウいってきたので早く飯にありつきたかった。

この市場の外れに飯屋がならんでいる一角がある。そこへ早く行きたいと思っていると、店の中にいた十二、三歳の少女がおやじが四元だといった時に、そのあまりにも無茶な値段にはおかしかったのか恥ずかしかったのか知らぬが、口元が綻《ほころ》び、視線が泳いだ。十元札を出すと、六元の釣りをもらった。

昨日食べた店のとなりで、豆腐の上に薬味をふりかけとろみのあるタレをかけたものを食べている。そいつを食べてみようとおもった。これならすぐにでてくるはずだ。目の前にいる男は注文があると、鍋《なべ》から豆腐をすくい薬味をふりかけ、タレをかけ、という具合に手早い。それに空腹とはいえ、昨夜激辛の四川料理を食べている。胃や腸があまりの辛さに軋《きし》んでいるにちがいない。

うっすらと汚れた路上にまではみだしているテーブルにヒジをつくとグラリと傾《かし》いだ。同じテーブルの対面にいる男は、プラスチックの丼《どんぶり》を慌《あわ》てて握っていた。ぼくも

いささかくたびれているのは小生である。朝からの撮影は腹も減る。後ろの張り紙にある「面」は麺の簡体字。腹が減っても面は食いたくないなァ。

おどろいたが、男もニガ笑いをしていた。その男は、豆腐を食いながら油條をちぎっては食っていた。その油條が足元に落ちてしまった。ぼくは謝った。ぼくも豆腐と油條をもらった。そして油條を、半分ちぎりわたした。男はにっこり笑った。

気がついていたが、プラスチックの丼に薄いビニール袋が被《かぶ》せてある。食べ終えるとそのビニール袋をはずせば、洗わなくてすむからだ。この方法は二十年ぐらい前に、韓国の屋台でもやっていたのを思い出した。屋台に水道の設備もなく水も少ないので、皿や丼にもビニール袋が被せてあり、いささかおどろいたことがあった。

なかなかこの豆腐はうまい。まったりとしているという表現がピッタリか。日本な

丼に薄いビニール袋を被せてある。まァ、合理的ではあるが、風情はない。豆腐脳はなんとも朝の胃袋に優しい。

ら絹豆腐というよりもゆし豆腐かも知れない。食べているうちに一体この豆腐料理は何というのかと思ったので、目の前で食べている男の前に紙をつきだして、「この料理はなんというのか」と聞いてみた。男はきょとんとしていた。自分のことを指さし自分の名前を書くのかといった。ぼくは食べている豆腐を指さして、紙の上に書くふりをしてみせた。男はぼくの筆ペンをとると「豆腐脳」と書いた。何度か羊の脳を食べたことがあるが、たしかに口当たりはそっくりである。

これも北京で朝食によく食べられているようだ。男は食べおわると一元をはらって立ちあがった。ぼくも食べおわると同じく一元を払った。

しばらく食べ物屋の並んでいる通りを撮影していた。やはり路上で万頭を焼いている。そしてその周りにある六席ぐらいのテーブルに、丼がおかれている。丼に万頭がいくつ入っているのか分からない。直径5センチぐらいの万頭がピラミッドのように積み上げてある。それを一口にパクリパクリと頬ばっている。その食欲の旺盛さに感動するぐらいだ。

他人が食べているのを見ていると、こちらも食べたくなった。いくつにするかというから、三個というと、少ないというような意味にとれることをいっているようだ。六個。ぼくは丼に入っている万頭を食った。

客の大半の人は万頭と一緒に丼にはいっているものを啜《すす》っている。隣のやつを見るととろりとした液状である。それはなにかと聞くと、粥《かゆ》だという。それも食べてみる気になった。

万頭を食べる前に何が入っているのか割ってみると、ニラだった。もうひとつはふだん食べなれている挽《ひ》き肉《にく》だ。そいつを平らげた。しかし粥は半分ほど残してしまった。さすがに腹に入らない。また、紙をとりだしてなんだと聞くと「緑豆粥」と書いてくれた。すべてで三元。

再び、市場にもどり、平べったいパンのようなものを撮影していると、公安らしき

大抵の人は六個。若く勢いのいいやつは十二個。ニラ入り、挽き肉入りがある。いずれもうまい。蒸したものではなく焼いているのがいい。

男がきて、写真を撮るなと嫌な顔をして睨《にら》み付けている。集まってきた男たちが、ぼくらのなりゆきを見ているから、公安の態度が横柄《おうへい》になる。今にも捕まえるぞというような気概である。官憲なんて、どこの国でも嫌なものだ。昔の日本もこのようだったろう。まだ、魚や肉のところを撮っていない。しかしこのままではとても無理だ。

市場を撮るななんて世界中で聞いたことはない。なんでも、オリンピックのために少しでも汚れているところは、取り壊したり、人の目から逸《そ》らそうとしているのは明らかだ。せっかくの古い胡同《フートン》などどんどん壊しているのでも分かる。なんとも情けないものだ。せっかくの集合住宅でのおもしろい生活まで破壊してしまっている。それは北京の昔からの生活文化を消滅させてしまうようなものだ。

文庫版あとがき

めったに見られない風景、物、めったに食べられない料理、めったに巡りあえない出来事に意識的に遭遇したいとおもうときに、旅にでることにしている。それはぼくだけではなく、たいていの人もそうにちがいない。旅は、埃《ほこり》をかぶってしまった平坦《へいたん》な日常を、ちょっとした状況の変化で、一瞬、かがやかしいものにしてくれる。それが旅にともなう幻想であってもいい。錯覚でもいい。うきうきした気持のせいでもいい。心が解放《ときはな》たれ、別の時間を送ることになる。それが旅だろう。

その旅に出よう。

どこの国へ行っても、それなりの楽しみはある。まず、言葉が耳あたらしく聞えてくるだろう。聞きなれていない言葉であっても、それは、雑音ではなく意思をつたえるべき音であるから、うつくしく心地いいはずだ。

ぼくは、その言葉がすぐに伝達され理解できてしまうのではないかと錯覚をしてしまう。もちろん、何も分りはしないのだが……。

言葉のとびかうところは、飛行場でも、レストランでもいいが、なんといっても市場が、もっともいい。

まず、近くの市場へいく。ぼくはカメラマンだから、カメラを持っていく。そして、風のように人々との間をすり抜けていく。これはぼくの特技である。ときには、反対に目立つようにレンズを向けることもある。そして話をする。その国の挨拶《あいさつ》、例えばアリガトウぐらいからはじまる、簡単な単語を二十ぐらい覚えておけば、何とか声はかけられる。いずれの国でも、英語ならば通じる人がいるものだ。通じなくとも、そこに売っているものを指して、どのようにして食べるのかと手真似《まね》をすれば、調理のしかたぐらいはおしえてくれる。そして、最後にこれを食べさせてくれるようなレストランは市場の近くにはないのか、と聞く。市場の近くのレストランはたいてい旨《うま》いからだ。そして安い。たいていそこだよと指差してくれる。

ホテルでの朝食は、着いたその日ぐらいは食べてみるが、たいていは町に出る。ホテルの朝食は、いずれの国の人々の口にもあうように、その国の食の民族性の鋭角なよさを削り取って、何とも曖昧《あいまい》なものにしてしまう。そんな物がうまいはずはない。

どれくらいの国へいったかは数えれば分かるが、どれくらいの回数の朝食を食べたかは分からない。いつの間に、少し前の朝食のことは、ほとんど忘れてしまった。そこで、二十数年前からメモに近い日記を書いている。それですら数年経《た》ってみると、覚えていないことがある。そんな状況ではあったが、この本を書きはじめると、めったに思い出すこともなかったが、印象に残っている朝食が蘇《よみがえ》ってきた。記憶というのは不思議なものだ。一枚の写真、その国の朝の光り、音、わずかな出来事で、その朝の朝食が浮かんできた。

この本は、すでに『世界朝食紀行』としてマガジンハウスで出版されたものを新潮社から文庫本にということになり、北京《ペキン》の朝食を書きたして出版していただくことになった次第である。

ここに、単行本の担当者であるマガジンハウスの永野啓吾氏、そして、今回文庫化でお世話になった新潮社の大島有美子さん、また、ぼくが若いころに読んでファンになった、ウィスキー、万年筆について書かれた作家、梅田晴夫氏の娘で、この本の解説をご執筆いただいた、小説、テレビ脚本、それに随筆などを書かれている梅田みかさんに、お礼を述べておきます。

平成十九年八月　　　　西川　治

朝食を食べよう！

梅田みか

わたしはふだん、朝食をあまりとらない。朝起きて、少なくても二、三時間は経《た》たないとおなかがすいてこないのだ。大抵は、起き抜けに熱いコーヒーで何とか目を覚まし、食べやすくカットしたくだものをつまむくらいで済ませてしまう。

これでも最近は朝早く起きる習慣がついたが、西川治さんと出会った頃のわたしは完全な夜型生活で、朝の光など知らなかった。昼過ぎか夕方近くに起き出して、何も口にしないまま夜のバーに繰り出すなんてこともしょっちゅうだった。何せだいたい週の半分はひどい二日酔いで、朝食なんて十五年前のわたしにはまったく無縁の食事だったのだ。

共通の友人のギャラリーで紹介された西川さんは、ワイングラスを片手に、ちょっと赤らんだ頬《ほお》でわたしに右手を差し出した。その馴染《なじ》んだ気さくさにわたしはすぐに打ち解けて、勝手にわたしと同じ〝夜型〟の人だと判断した。実際、その後も西川さんとお会いするのはいつも夜だったし、いつも美味《おい》しいお酒と肴《さかな》、そして最高の飲み仲間が一緒だったから、わたしはしばらくの間ずっとそう信じていたように思う。

その夜も、西川さんのアトリエのホームパーティーにお呼ばれし、今まで食べたことのない味の鍋《なべ》をみんなでつついたり、次々と魔法のように差し出される出来たての料理に舌鼓《したつづみ》を打ったり、ラベルを隠した日本酒を何本も並べて利《き》き酒大会に興じたり、楽しく酔っ払ううちに時が過ぎていった。すると、隣でかなり酔いがまわった西川さんが、わたしにこう言った。

「いくら飲んでも、お前、朝寝て夕方に起きるようじゃダメだよ」

えっ、西川さんだってそうなんじゃないの？

「俺は毎日、太陽が出る前に起きている。朝がいちばんいいんだよ」

意外な台詞《せりふ》に目を丸くするわたしに、西川さんはさらに饒舌《じょうぜつ》になった。

「朝起きて、まず朝飯。朝飯がまずいなんて思ったこと、俺は一回もないよ。朝の太陽の中で絵を描くんだ。それがいいんだよ。お前、絵はいいぞ、小説は時間がかかるけど、絵は一日で描ける」

そう言って西川さんはまたお酒を飲んで、やさしい目を細めて笑った。夜中に煙草《たばこ》を何本も立て続けに吸いながら、片明かりで小説を書いていたわたしに、西川さんの笑顔は眩《まぶ》しすぎた。心の底から、いいなあ、と思った。わたしも早起きして朝食をしっかり食べて、太陽の光の中で絵を描きたいと思わせるような笑顔だった。

それから、西川さんの作品に触れるたび、このとき感じた羨望《せんぼう》は強くなる一方だった。自分で料理を作って、世界中をめぐって、写真を撮って、挿絵も描いて、文章も書いて。レシピ本を見ればダイナミックかつ繊細な写真の中の料理はどれも美味しそうで、実際どれをつくってみても美味しい。エッセイや旅行記を読めば文章もうまくて思わず引き込まれる。この人には一体、いくつの才能があるのかと、羨《うらや》ましさを通り過ぎて驚かされるばかりだった。

個展に足を運べば、南国の空が似合いそうな色彩の、個性的な魅力にあふれた絵がずらりと並ぶ。壁一面を塞《ふさ》ぐ大作もあり、かわいらしい小品もあり、とにかく多作である。「絵は一日で描けるからいいぞ」なんて、西川さん独特の冗談に決まっているけれど、本当に一日で描いているのかと疑いたくなってしまうほど。絵を堪能《たんのう》したあとは、独創的で美味な大皿料理のもてなしを受ける。いいなあ、いいなあ、西川さんはいいなあ。そんな言葉を思わず口にすると、西川さんはいつものちょっとシャイな笑顔を浮かべる。

西川さんの描いた絵が、観《み》る人をほんわりとほほえみで包むように、西川さんの撮った写真があたたかいエネルギーに満ちているように、西川さんの文章がどんな異国にも連れて行ってくれるように、西川さんの笑顔は人を幸せにする力があるのだ。

もうずいぶん前のこと、でもつい昨日のことのようにも思えるある日、わたしはこれまでの人生でいちばんつらい出来事に、打ちのめされて、立ち上がれなくて、四角い部屋で何日も膝《ひざ》を抱えていた。そのとき、ひとつの小ぶりなダンボール箱が届いた。西川さんからだった。開けてみると、金色の蓋《ふた》のついた、いくつものガラスの保存ビンがきっちりと詰め合わせてあり、ビンの中には、いろいろな野菜のピクルスや、エメラルドグリーンのジェノバペースト、うす桃色のレバーペースト、赤紫のビーツを漬けたもの、などが入っていた。

どれくらい長い間、その美しい彩《いろど》りを眺めていたか憶《おぼ》えていない。そのあとわたしは何日かぶりにキッチンに立ち、鍋に湯を沸かし、パスタを茹《ゆ》で、西川さんのつくったジェノバペーストをあえて食べた。フォークで口に運んだとたん、バジリコの葉とニンニク、松の実の香りに味覚が目覚め、わたしははじめて空腹を感じた。そのパスタを食べながら、わたしは胸の中の様々な感情が一気にあふれ出すように、泣いた。食べて、泣いて、食べて、わたしはほんの少しずつ、元気を取り戻した。

西川さんが、どんないきさつでそのビン詰めを送ってくれたのか、今もわからない。

わたしの事情を聞き知ったのかもしれないし、そうでないかもしれない。たまたま、撮影でいっぱいつくった料理が余ったのかもしれないし、気が向くとこんな洒落《しゃれ》た贈り物をあちこちにするのが習慣だったのかもしれない。もう、西川さんもその理由を忘れてしまっているかもしれない。ただ確かなのは、人が生きていくのに、〝食〟がどれだけ大切か、そのとき西川さんが教えてくれたということ、なのだ。

この本を、わたしは西川さんと一緒に旅をしているような気持ちで読んだ。きっと、この本を読む方のほとんどはわたしと同じ気持ちになるのではないかと思う。行ったこともない国の、見たこともない風景の中で、食べたこともない朝食を、西川さんと一緒に味わっているような不思議な気持ち。トルコの市場で見つけたムール貝に米を詰めたミディエドルマという料理、デンマークの公園でビールと共に食したスメァブレーツ（オープンサンドイッチ）、カナダの純粋無垢《むく》なメープルシロップをかけたパンケーキ、タイの寺で指を使って食べたカウニャン、モンゴルの遊牧民のゲルで出されたブダタイボルツァイという茶粥《ちゃがゆ》に似た食べ物。どのページからも、その街の雑音や異国の言葉が聞こえてきて、体臭と食べ物の混じった匂《にお》いまで漂ってくるようだ。そして、西川さんが旅先で最も大切にしているのであろう、人と人とのつながり、コミュニケーションの熱のようなものがじかに伝わってくる。

本書が、そんじょそこらの朝食本や食事レポートとまるで違う輝きを放っているのは、やはり多才な西川さんならではの文章の力によるものだろう。西川さんはまるで写真を撮るように一瞬一瞬の情景をとらえ、絵を描くように朝の風景をスケッチし、自分の手で料理を作るようにレシピを整理し、それらを全部まぜこぜにして片っ端から淡々と文章にしていく。感動が、言葉や心の動きだけでなく、よりフィジカルに表現される。わたしはもちろん、おそらくもの書きだけやっている作家には真似《まね》できない見事な作業だ。

ブログが全盛の今、誰も彼もが自分の食事を写真に撮り、メニューやレシピを紹介し、稚拙な感想を並べる。何かの拍子にそんな記事を立て続けに読んでいたら、思わず吐きそうになってしまったことがある。食を文章にするのは、そんなに簡単なことではない。食を語り、食を撮り、食を書くとき、そこに命のエネルギーが宿っていなければ何の意味もない。食に対するあくなき好奇心と大きな愛、そしてどんな食べ物も喜んで歓迎する胃袋のパワーを持ち合わせていなければ、食を文章にする資格はないと、わたしは思う。

最後になるが、西川さんは、わたしの父である梅田晴夫の本を若い頃から愛読してくださっていたそうだ。父と西川さんとの共通点はすぐに見つかる。何よりも家族を大切にしていること、お酒が好きなこと、毎日欠かさず日記をつけていること、独自の〝男の美学〟を持っていること。もちろん、正反対の部分もいっぱいあるけれど、同じ空気を共有することがあったなら、ふたりは案外ウマが合ったかもしれない。

興味を持つ視点も似ているようで、本書にもときどき、父に聞いたことのあるエピソードが出てくる。パリの朝食の代表であるクロワッサンが実はウィーン生まれで、オーストリア軍の勝利を祝い、パンをトルコ国旗の月型に焼いて敵軍を食ったという話、イギリスでうまいものを食べたいなら朝食を三回食べろという話、ドイツのパブでの、〝泡を切る〟こだわりのビールの注ぎ方や、絶品の〝黒パン〟の話……どれも懐《なつ》かしく、わたしは久しぶりに父との食事の風景を思い出した。

でも、父と西川さんの決定的な違いは、やっぱり朝食にあるのだ。朝はコーヒーとほうじ茶、ひどいときはドライジンにビター、固形物を一切とらない父を毎朝見て育ってきたわたしは、ああ、父だって、西川さんみたいに毎日朝食をちゃんと食べていたら、もう少し長生きしてくれたんじゃないかな、なんて思ってしまう。もちろん、その思いは自分自身への警鐘でもある。さあ、わたしも今日から、朝食を食べよう。そして朝日の真ん中で、笑顔になろう。


（二〇〇七年九月、作家・脚本家）

この作品は平成十二年十一月『世界朝食紀行』としてマガジンハウスより刊行された。

紅山雪夫著
ドイツものしり紀行
ローテンブルク、ミュンヘンなど重要観光スポットを興味深いエピソードで紹介しながら、ドイツの歴史や文化に対する理解を深める。

紅山雪夫著
イタリアものしり紀行
名所古跡を巡るローマ、美しき水の都ヴェネツィア……。その魅惑的な文化、歴史、名所を余す所なくご案内する、読むイタリア旅行。

紅山雪夫著
ヨーロッパものしり紀行
―《くらしとグルメ》編―
ワインの注文に失敗しない方法、気取らないレストランの選び方など、観光名所巡りより深くて楽しい旅を実現する、文化講座2巻目。

村上春樹著
辺境・近境
自動小銃で脅かされたメキシコ、無人島トホホ潜入記、うどん三昧の讃岐紀行、震災で失われた故郷・神戸……。涙と笑いの7つの旅。

川津幸子著
100文字レシピ
簡単料理へのこだわりから生まれた、たった100文字のレシピ集。和洋中にデザートも網羅。ラクにできて美味いという本格料理の決定版。

太田和彦著
超・居酒屋入門
はじめての店でも、スッと一人で入り、サッときれいに帰るべし――。達人が語る、大人のための「正しい居酒屋の愉しみ方」。

有元葉子著　有元葉子のごはん上手

いつもの食事をおいしく、ふだんの暮らしを楽しく！　本物を味わって素敵に生きるために――有元流料理の基本と極意を大公開！

辻　静雄著　ワインの本

目で見て匂いをかぎ味を確かめ経験をつむ。これがワインを知る最上の方法です。本書はあなたが「ワイン通」になる近道を教えます。

仲村清司著　住まなきゃわからない沖縄

台風の過ごし方、弁当の盛り付け、大衆食堂や風水占い、オバァ事情など、「カルチャーショックの宝庫」沖縄の素顔がここにある。

熊谷　徹著　びっくり先進国ドイツ

ドイツは実はこんな国！　在独十六年の著者こそが知る、異文化が混在するドイツの意外な楽しみ方、そして変わり行くその社会とは。

伊丹十三著　ヨーロッパ退屈日記

この人が「随筆」を「エッセイ」に変えた。本書を読まずしてエッセイを語るなかれ。一九六五年、衝撃のデビュー作、待望の復刊！

大阪あべの辻調理師専門学校編　料理材料の基礎知識

日本料理、フランス料理、イタリア料理、中国料理などに使われる、野菜、魚介、肉など七〇〇余種類の料理材料を写真と文章で紹介。

世界《せかい》ぐるっと朝食《ちようしよく》紀行《きこう》

新潮文庫　に - 19 - 1

平成十九年十一月一日発行
平成二十年六月三十日三刷

著者　西《にし》川《かわ》治《おさむ》

発行者　佐藤隆信
発行所　株式会社新潮社
郵便番号　一六二―八七一一
東京都新宿区矢来町七一
電話　編集部(〇三)三二六六―五四四〇
読者係(〇三)三二六六―五一一一
http://www.shinchosha.co.jp
価格はカバーに表示してあります。
乱丁・落丁本は、ご面倒ですが小社読者係宛ご送付ください。送料小社負担にてお取替えいたします。

印刷・錦明印刷株式会社　製本・錦明印刷株式会社

ISBN978-4-10-133351-9 C0195